# 今度こそ、やめる技術

脱ムダ、損、残念！

美崎栄一郎

JN193790

あさ出版

※本書は２０１０年に弊社より刊行いたしました『「また、やっちゃった…」あなたのためのこんどこそ！　やめる技術』を改題し、大幅な改編、加筆を行っております。

# はじめに

ずっとやめたいと思っているけれど、なかなかやめられない習慣。この本ではそうした手ごわい習慣の数々を今度こそやめる方法を紹介しています。

とはいえ、習慣というものは長い時間をかけて、あなたの中に染みついています。変えたつもりでも、すぐまた元に戻ってしまうことは少なくありません。

・いつも時間ギリギリ
・片づけられない
・スマホばかりいじってしまう
・つい人と比べる

・何でも先送り
・人のことを悪く言う

明らかにやめた方がいいのに、こうしたことを変えられないのはなぜでしょうか。

1つは、正しいやめ方を知らないから。

そしてもう1つは、今の方が楽だから。

そうです。今のままではよくないことがわかっていて、しかも実際にマイナスを感じながら、それでも変われないのは、やめることをものすごく大変なことに感じてしまい、無意識のうちに拒否反応が起きているからです。

それだけ楽をすることへの欲求は強いのです。

しかし、これは見方を変えれば、次のようにも言えるわけです。

「今より楽になれるのなら、人は変われる」

そこで、この本では、**ダメな習慣をやめる技術を、それに取り組むことによって「今よりも楽ができる」という視点から選んで紹介**しています。

また、いくら現状より楽になるからといって実践するのが大変だったら、取り組めません。ですから、楽に取り組めるという点も重視しました。

一見「これでいいの？」というものばかりですが、その効果はどれも実証済。

なぜなら、私は筋金入りの**「楽をしたがり」**だからです。

私がノートやデジタルツールを駆使したり、さまざまな会を主催したりしているのも、つまるところ「楽をしたい」からという理由に行きつきます。

楽をすると言うと、さぼったり、手を抜いたりというちょっとネガティブ印象を持ちがちですが、要は、生きていくうえでムダなことや損なこと、残念なことをなくしていきたいだけ。

「効率的」と言うとちょっと冷たい印象がするのと、「楽」だと字のニュアンスから楽しそうな感じがするので、そのような言い方をしていますが、目指していることは同じです。

仕事、生活、人間関係、そして考え方――さまざまな損を生み出す習慣を断ち切れば、人生はもっと楽に、そして楽しくなります。

肩の力を抜いて、始めていきましょう。

美崎栄一郎

## 第1章 仕事の「やめる技術」

第2章

## 生活の「やめる技術」

## 第3章 人間関係の「やめる技術」

## 第4章 考え方の「やめる技術」

本文デザイン・ＤＴＰ／大坪よしみ（瞬デザインオフィス）

# 第1章 仕事の「やめる技術」

＼ヤメル！／

# 01

# 机のまわりが片づかない

「あの資料はどこだっけ？」

「今日提出の用紙が見当たらない！」

オフィスでよく見かける風景です。

「モノを探す時間がいちばんムダ」だとわかっているのに、結局、やめられない。

思い当たる人も多いのではないでしょうか。

「みなさんの机、今、どんな状態ですか？」

実際、社員研修にお邪魔した際、参加されているビジネスマンの方にたずねると、多くの方が「中も上もゴチャゴチャです！」とお答えになります。

ある調査では、年間150時間、人は勤務中に「探し物」をしていることがわかっています。

「気をつけていたつもりなのに、いつの間にかゴチャゴチャになっているんです」

という声もよく聞きます。

そもそも、なぜ、机の上や中が散らかってしまうのでしょう。

それは、性格も若干影響はしますが、なにより、あなたの仕事が忙しいから。

片づけるより先に新しい仕事がきてしまうので、どんどん上に積み上げるしかなく、気づいたら書類の山ができ、崩れて、ゴチャゴチャになってしまうのです。

この「忙しい↓片づかない↓作業効率が落ちる↓さらに忙しくなってしまう……」

という悪循環にハマったら最悪です。なかなか抜け出すことができないうえに、また新たな仕事が次々にやって来るので、どんどん効率が落ちていきます。

この悪循環を断ち切るには、**強制的な「リセット」**が必要です。

やり方はとても簡単。

**今、必要なものだけを手元に残したら、あなたの机の上やまわりに積み上げられたゴチャゴチャを、すべて段ボールに「どーん」と入れて、そのまま、いったん目につかないところに押しやってしまうだけ。**

あっという間に机はスッキリ、心もスッキリというわけです。

もちろん、これは、あくまで急場しのぎ。

ですが、机が広々使えるうえに、毎日の余計な探し物時間もなくなるため、仕事の処理スピードがグッと上がります。

必要なものが見当たらないときは、段ボールをチェックすればいいだけです。

この段ボールは最低1週間放っておきます。そして、時間に余裕があるとき開封しましょう。このとき、放置していた間、自分が何回この段ボールを開けたか振り返ってみてください。意外と開けていないことに気づくはずです。

つまり、それだけ今のあなたには必要ないものが机にあったということです。そのことを認識したうえで、段ボールの中のいらないものを整理・廃棄してください。

終わったら、残ったものを机に戻していきます。

**机に戻すのは、収納できる量の80％まで。** １００％、めいっぱい入れてしまったら、次の仕事のものをしまえず、即座に机の上の山と化してしまいます。

また、戻すときは、どこに何を置くか、よく考えながらしまってください。ペンはここ、消しゴムはここと、「戻す定位置を決める」ことで、今度探すときの手間が省けます。

野球の試合の様子を思い浮かべてみてください。なんとなく整然として見えませんか？　これは、守備位置がそれぞれ決まっているからです。

よく使うレギュラーアイテムは、どのポジションが定位置か決めて管理しましょう。

悪いクセをやめるコツ

**月に1回リセットして8割戻す**を繰り返す。

＼ヤメル！／

# 02

# 自分のやり方にこだわる

「こだわる」というとなんとなくイメージがよさそうですが、要は「頑固」ということ。変化のスピードが速い時代、頑固でいていいことは、あまりありません。

とはいえ、仕事の方法から、普段の生活習慣まで、自分がいつも慣れているやり方を変えるのは簡単ではないでしょう。

なぜなら、変えない方が圧倒的に楽だからです。いつもと同じやり方であれば、予測が立てやすいし、経験も蓄積されているのでスムーズに進めることができます。つまり、効率的でストレスなく行えるわけです。

しかも、そのやり方で特に問題なくやっていけているのであれば、変える必要性すら感じないかもしれません。

なかなかうまくいかなかったり、不便を感じていたりしていることでさえ、それが慣れ親しんだ方法であれば、変えるのは労力が必要で難しい。

それだけ現状を維持しようとするエネルギーは強力です。

しかし、変化の激しいこの時代に、仮に今うまくいっているやり方でも、いつまでもそれに固執していたら、取り残されていくのは明らかです。

商品やサービスをアピールするときに使う広告。インターネットへの広告費が年々増えて、新聞、雑誌を軽く抜き去り、いまやテレビメディアの広告費にせまる勢いです。にもかかわらず、従来の広告手法にこだわりネット広告に手を出そうとしなければ、結果どうなるかは容易に想像がつくはずです。


これは個人でも同じ。**時代のスピードに合わせてさまざまなことをアップデートしていく**必要があります。

変化していくことの必要性を感じていても、こだわりが強いとこれまでやってきたやり方はなかなか変えられないもの。そこでおすすめの方法を紹介します。

1つは、ツールやソフトなど、「モノ」が関係することであれば、強制的に変える、もしくはアップデートしてしまう方法です。

以前使っていたものを物理的に使用できないようにすれば、新しいものを使わざるを得ません。そしてツールやソフトというものは、新しいものほど便利になっていきます。最初は使いづらく感じても、すぐ慣れて、じきにそれなしの仕事や生活なんて考えられないというように変わります。スマートフォンの機種変更をしたときなどがイメージしやすいでしょう。そして、使うものが替われば、それに付随するやり方や習慣も自然に変わっていきます。

実はマインドも同じで、まずは無理やりにでも行動を変えてみると、それに引っ張られる形で気持ちも変化していくのでおすすめです。

とはいえ、とことん納得しなければ動けないという筋金入りの人もいるでしょうから、そのような方におすすめのもう1つの方法を紹介します。

まず、仕事のやり方やパターン、ポリシーなど長い間、変えていないことをピックアップします。そして、もっといいやり方がないかをネット上で調べてみます。

そうすると、よりよいやり方にトライし、成果をあげた人が必ず見つかります。ノウハウだけでなく、どのようにして変えていったかというプロセスやアドバイスを開示してくれている先人がたくさんいるのです。

実際に変えてうまくいった人の声や成果に触れていくことで納得度が高まるはず。そうしたら行動してみましょう。仮にうまくいかなくてもそこから得られるフィードバックは、これまでのやり方をよりよく変えていくヒントになります。

なお、ネット上の匿名の投稿には精度の低い情報も少なくありません。その点が気になる人は署名記事や書籍、雑誌などに当たるといいでしょう。

今の時代、仕事のやり方や習慣など正解は変わっていくものです。「これがずっと正しい」はありません。どんどん自分をアップデートしていきましょう。

悪いクセをやめるコツ

ツールをアップデートすればスタイル、考え方も変わる。

\ヤメル！/

# 03
# 成功体験を引きずる

人間誰しも、よいことは覚えています。

成功体験は消えないから、思い出すのは快感です。でも、よほど意識しないと、すぐに過去の成功体験に囚われてしまいます。

18ページの「自分のやり方にこだわる」のと同じで、成功体験に引きずられないようにするのは、なかなか難しいことです。

たとえば、前にうまくいったからといって、ことあるごとに過去の成功事例を持ち出してくる上司や先輩。

こちらとしては「それっていったい何年前の話ですか」と思うものの、本人たちからすればまったくそのような意識はありません。

なぜなら、うまくいったやり方がずっと続くと思っているからです。「過去の成功体験に依存している」とは少しも思っていません。

このように過去の成功体験に依存している事実には気がつきにくいもの。もちろん、私も同じです。そこで、できるだけ気をつけていることがあります。

それは、過去に成功したことと、同じようなケースに取り組むときには、**成功体験をなんとなくトレースしない**こと。うまくいったときには、タイミングとか、自分の知らなかった周囲の助けとか、いろいろな要素があったはずなのです。

具体的には、まず、成功体験の中で「うまくいった要素」を書き出してみましょう。また、その中で「失敗した要素」も書き出します。

たとえば、仕事の会食で、「うまくいった要素」「失敗した要素」は次の通りです。

**・個室で会食をしたら商談がうまくいった。**
**・日本酒のラインナップが豊富で喜ばれた。**

**・最寄り駅で待ち合わせたが、人が多くてなかなか会えなかった。**

書き出したら、次は、その成功と失敗の要因を考えるのです。

**・落ち着いた雰囲気で話ができたのでこちらの提案を聞いてもらえた。**
**・偶然、日本酒に力を入れているお店だった。**
**・携帯電話の番号を事前に聞いていなかったから、連絡できなかった。**

このように見直すと、同じ場所で会食をしても、うまくいかないかもしれないことがわかると思います。

それはお店が同じでも、相手が違う人だからです。

つまり、まったく同じ条件で勝負することはありえないので、過去の成功体験はすべてそのままでは使えないのです。

これが過去の成功体験に囚われることのマイナスです。

ですから、その**成功体験を分解してみて、汎用性のある要素なのか、相手に合わせて変える必要がある要素なのか、考える**必要があります。

静かなお店をリサーチしておくとか、相手が好きな食べ物や飲み物をあらかじめ聞いておくとか、あらかじめ携帯番号を聞いておき、いつでも連絡がとれる状態にしておくとか、失敗しない方法が見つかるはずです。

もしも、成功体験が少ないというのであれば、逆にチャンスです。依存するものがそれだけ少ないわけですから、先入観なく対策がとれるはずです。

悪いクセをやめるコツ

☑ **うまくいった理由**と**うまくいかなかった理由**を考えてみよう。

＼ヤメル！／

04

# お詫びを先延ばしにする

お詫びを先延ばしにしてしまうこと、あると思います。

自分のミスで取引先に迷惑をかけたり、後輩にきつく当たってしまったり……こちらに非があって謝罪しなきゃと思うのに、すぐできない。

なぜなのでしょうか。それは、お詫びするとき怒られたり、責められたり、悪く思われたりしたくないから、もっと言ってしまえば、嫌な思いをしたくないから先延ばしにするのでしょう。

でも、お詫びして怒られたり、責められたりするのが嫌だったら、**とにかく1秒でも早く謝る**のがおすすめです。そうすると、叱責されてもほんのひと言だけだったり、場合によっては逆に評価されたりします。

反対に、先延ばし先延ばしにしていると、その間、相手の不快な気持ちが増幅していき、ようやく決心してお詫びに行ったときに爆発。そして、お詫びに対する苦手意識ができて、また謝らなくてはならないときに先延ばしにしてしまう悪循環に陥ってしまうのです。

だから、とにかく早くお詫びをすることです。そうするとこれまで先延ばしにしてきた人ほど、すぐに謝ることのメリットに気づけると思います。

ただし、お詫びの仕方にはポイントがあります。ここを間違えると、余計に相手を怒らせてしまい、せっかく早く謝ったことが台無しになってしまいます。

重要なのは**現在の状況を俯瞰して、相手の立場になって考える**こと。

映画やドラマを見ていると、もう少し早く話したらいいのにとか、ここであのことを言わなきゃダメでしょというように登場人物の言動にイライラすることがあると思います。ドラマだと、状況を冷静に見て、相手の立場に立てているからです。

ですが、自分が当事者になるとなかなかできません。

だから、練習するのです。具体的にはシミュレーションです。

空港とか駅、ホテルのフロントでよくお詫びしている人、怒っている人を見かけます。このときお詫びしている担当者さんにかわって心の中で謝ってみます。第三者の立場で観察して冷静に見ていると、怒っている相手の主張や動きもよく見えますし、お詫びしている人のいい点、悪い点も見えてきます。これが当事者になったときに役立つのです。

私自身、そうやって観察した結果、わかったことがあります。それは言い訳したいことがあっても、謝罪の際にそこから始めると、ほとんどの場合、火に油を注ぐ事態になりがちだということ。

まずは、謝罪。そのあと改善策を話す。説明を求められたら、そこで初めて理由や経緯を説明すればいいでしょう。

自分を守りたいがゆえに、誰もが、つい言い訳から謝罪を始めがちです。

ですが、人は降参の意思表示をしている相手には、意外と攻撃することはしないものです。仮に攻撃したとしても、その手は緩くなる傾向にあります。

相手の立場で考えるということを説明しましたが、つまり、**敵ではなく、味方になるようにお詫び**できれば、ほぼ問題は解決するようです。

私も謝罪が得意ではありませんし、あまりそういう機会には遭遇したくないと思っていますが、お詫びする、されるは日常でよく見かける光景です。

そのときイメージトレーニングによって経験を積んで、実践の場においては、早く、そして相手に受け入れてもらえるようお詫びすることを心がけてみてください。

ポイントを押さえて謝ることができれば、必要以上に苦手意識を持つことがなくなります。先延ばしすることをやめられるようになるのです。

**悪いクセをやめるコツ**

☑ とにかく**早く謝れば苦手意識がなくなる**。ただし**言い訳からスタートはNG**。

＼ヤメル！／

# 05

# 忙しいが口グセ

忙しいという口グセをやめただけではもちろん事態は解決しません。なぜ、忙しいと言ってしまうかと言えば、それは自分がすべき仕事に対して十分な時間が確保されていないからだと思います。

忙しいあなたへの問題解決方法の1つとして、ここでは時間を確保するコツを紹介しましょう。

なんとなくムダにしている時間を見つけ、これを活用するのです。空き時間とかスキマ時間とも呼ばれますが、この時間にピッタリはまる仕事のブロックを用意することができれば、「忙しい」状況が緩和されるでしょう。

なんとなくムダにしている時間の代表が、待ち時間です。

待ち時間というのは、自分がコントロールしづらい時間であり、空き時間になりがちです。たとえば会議で上司が遅れてくるというのはよくあることです。上司が10分遅れれば、それまで会議は始まりません。イライラしたり、同僚とムダ話をしたり、スマホをいじったりして時間をつぶすのはもったいない。これがなんとなくムダにしている時間10分です。

この**待ち時間を予測して、その間でやれるキリのいい仕事を充てられるように、あらかじめ準備しておく**ことがポイントです。


空き時間やスキマ時間を活用することの大切さはよく言われますが、ただ漫然とスキマ時間が発生するのを待っていたり、空き時間ができてから何をするか考えたりするようでは十分活用できているとは言えません。

「どこに空き時間が潜んでいるか」を意識し、予測する。その上で、短い時間をどうやって活用するのか、あらかじめ考えて仕事を準備することが必要です。

アポイントの前なども空き時間が発生しがちです。こちらが訪問するのであれば、5分前には到着しているでしょうし、相手がたずねてくる場合も、5分前には準備を整えて待っていることでしょう。

移動時にも空き時間が発生します。

東海道新幹線であれば、駅での乗車までの待ち時間は10分以内。飛行機であれば、空港に入ってから30分から1時間の時間が発生すると見積もるのです。

そして、その場所と時間でできる仕事を準備しておくのです。

もちろん予測できない、いきなり生まれる待ち時間もあります。けれどもそうした急に発生する待ち時間がありうるということも予測して、その時間に充てられそうな仕事を用意しておきましょう。

どんな仕事が空き時間の作業に向いているかというと、会議の待ち時間であれば、手帳やスケジュール管理のアプリを開いて進行中のプロジェクトの**スケジュールの確認や見直し**をする時間に充てるのもいいと思います。

考える時間は、長時間じっくりというのもいいですが、こうしたコマ切れの時間でも意外といいアイデアが出てくることもあります。

スケジュール調整の仕事もいいでしょう。今は、スマホで予定が確認できるので、それを見ながらホテルの手配や航空券の予約などもアプリでサクサク行えます。

読む必要のある書類に目を通すことも短い時間でできることの1つです。


座った状態での会議や立ちながら待つバス、電車の待ち時間のように状況やシーンに応じてさばける仕事は変わりますが、そのときの状況は事前に予測できるものです。

普段の予定を組むように、空き時間も予定に組み入れていくとムダにしている時間が活用できる時間に変わり、忙しさが軽減されていきます。

悪いクセをやめるコツ

空き時間を予測してピッタリ埋まる仕事を用意しよう。

＼ヤメル！／

# 06 どうせ自分にはできない

自分にはできない、自分はこんなもんだと思ってそれ以上チャレンジしない――チャレンジには失敗のリスクが伴います。失敗すれば、マイナスな気持ちになりがちです。そういうのが嫌だから挑戦しないという気持ちは、理解できなくはありません。行動しなければ傷つくことはないからです。

でも、ここでいう失敗は本当の意味での失敗ではありません。チャレンジしている過程での失敗は、うまくいくための可能性を絞り込むための結果にすぎません。だから、失敗をしたということは、それだけ成功に近づいているとも考えられるわけです。

では、本当の失敗は何かと言えば、チャレンジするのをやめること、あきらめることです。チャレンジしなければ現状は絶対に変わりません。

このように失敗のとらえ方を変えることができれば、失敗するのが嫌だという気持ちが少し薄まっていくのではないでしょうか。

とはいえ、成功するまで続けていくというのは決して簡単なことではありません。いくら失敗ではなくても、うまくいかないことが続けば途中でくじけそうになることもあると思います。

そういうとき、どうすれば続けていくことができるのでしょうか。

それは、**応援をしてもらう**ことです。応援されると続けられるし、自分の限界を超えやすくなります。スポーツなどがその典型でしょう。

では、どうすれば応援してもらえるかというと、まずは**行動を開始してコツコツ続けること、そしてそれを公言しながら、いろいろな人に教えてもらう**ことです。

これは私自身の実際の体験から言えることです。

私の夢は作家になることでした。

しかし、もう1つの夢であるエンジニアになることが実現したため、サラリーマンをやりながら作家をやるなんて無理だろうと、勝手に自分の限界を決めていました。作家になることってハードルが高そうなイメージがあると思います。実際に私も同じように思っていました。それが「もしかすると自分でできないと決めつけているだけでは？」と思うようになってから、作家になるべく行動を始めることにしました。

具体的には、ビジネス書を執筆している作家の先輩からどうやって本を書いたのかを教えてもらい、ベストセラー書籍を担当した編集者からどうやって本を作って売っていったのかを学んでいきました。

その結果、サラリーマンをしながら、作家としても本を書く職業作家になりました。作家生活も10年で、この本が私の42冊目の本です。

当たり前ですが、作家になりたいと思っているだけでは、つまり行動をしていない状態では、誰も本を書くチャンスを与えてくれませんでした。

ですが、自分が本を執筆したいという思いを公言し、わからないことをまわりに聞き続けたことで夢を実現できたのです。

**自分で限界を決めずに、行動を続けていれば、必ずチャンスがやってきて、そして周囲の人たちが応援してくれます。**

自分にはできないと思っているけれど、心のどこかに本当はやってみたいという気持ちがあるのであれば、トライしてみましょう。そして挑戦を続けながら、自分がやりとげたいことをまわりの人に伝えてみましょう。

想像以上にいろいろな人があなたの挑戦を応援してくれることに気づくはずです。紆余曲折があったとしても、それは失敗ではありません。確実に成功に近づいているシグナルです。応援を力にやりたかったことを実現させてください。

悪いクセをやめるコツ

**まずはチャレンジ**。そして周囲に**目標を公言して応援**してもらおう。

＼ヤメル！／

07

# ついメールで済ませてしまう

メール、ＬＩＮＥなどのチャット、ＳＮＳでの連絡などデジタルツールが発達し、人との距離感が大きく変わりました。

たとえば、何年も会っていないのに、ＳＮＳ上でつながっていることで、お互いの近況を知っているということがあります。

コミュニケーションのスピードに関して言えば、圧倒的にデジタルツールを使った方が便利です。ただ、楽だからついデジタルばかりに頼っていると、そこに思わぬ落とし穴があります。それがコミュニケーションの「質」です。

ポイントは、**コミュニケーションをとる相手の「モチベーション」を考えて、コミュニケーションツールを選択する**ことです。

そして、相手のモチベーションをいちばん上げるのは「実際に会う」というアナログなコミュニケーションであるということです。

研修でお邪魔した会社で、ある管理職の方が次のようにこぼしていました。「有給休暇をとる連絡をすぐ近くの席にいるのにメールで送ってくる部下がいる」と。

確かに、いつ休むということはメールで十分伝えられます。また、直接言いづらいなどの気持ちがそこに働いているのかもしれません。

でも、声が届く範囲にいるのであれば、声をかけた方がいいと思います。

メールを打つのも、声をかけるのも、かかる時間はそんなに変わりません。であれば、上司のモチベーションが上がる直接の声かけを選んだ方がいいでしょう。

実際には、上司のモチベーションが上がるというよりは、メールで伝えるよりも下がらないというのが正確でしょう。そもそも上司のモチベーションなんて気にする必要があるのかと思うかもしれませんが、そこに配慮しておくことで、のちのち自分の仕事にとって少なからずプラスの影響があるはずです。

実はこうしたことは多くの人が気づいているのですが、便利さに流されて、ついデジタルツールでコミュニケーションをとりがちです。

そこで、両者のメリット・デメリットを踏まえたうえで、そのつど最適な選択をしていくことをおすすめします。

**デジタルツール【メール・チャット・SNS】**

スピードは圧倒的に速い。相手の都合をあまり考慮する必要はないが、用件以上の情報を伝えづらい。

**アナログツール【対面・電話】**

わざわざコミュニケーションをとろうとしている気持ちが伝わり、モチベーションが上がる。情報量も多い。ただし、手間・時間がかかり、相手の都合にも左右される。

補足すると、電話については、対面には及ばないものの、声のトーンなど、文字だけよりも多くの情報が伝わります。また、アナログなコミュニケーションの特徴として、録音したりメモしたりしなければ形に残らないというものがあります。それゆえに、貴重な情報を得られる機会にもなります。

言うまでもなく、アナログ一辺倒でする必要はありません。それでは効率が悪すぎます。しかし、たとえば一度会う機会を作っておき、以降はデジタルなコミュニケーションになったとしても、相手は会った印象に照らし合わせて、行間を読んでくれるようになります。たとえ、短いメールでも「冷たい」とは思われず、「忙しそうにしていたな」と受け取ってもらえます。

デジタルツールによるコミュニケーション全盛の現在、対面のコミュニケーションの価値は高まっています。意識して取り入れていきましょう。

悪いクセをやめるコツ

☑ 相手のモチベーションを上げたいときは対面で。

＼ヤメル！／

# 08 モチベーションが上がらない

モチベーションは下がるものです。常にモチベーションが上がりっぱなしという人はそういません。ですが、モチベーションが下がっているときにも取り組まなければならない仕事があります。

そのようなときは、どのようにすればいいのでしょうか。

おすすめの方法をご紹介しましょう。

**タイマーをセットしてその仕事を5分間だけやる**のです。

やるのはその仕事の冒頭だけ。気分よく始められるようにお菓子を用意したり、コーヒーなどの飲み物を用意したりして、スタートします。

進めていくことが目的ではなく、気乗りしない仕事に着手することが目的です。5分だけ取り組んでみる。それくらいなら重い腰をあげることができるでしょう。私の経験では、実際にやってみると、5分と言わず調子よく仕事が進み出すケースもよくあります。そのような場合は、予定時間を過ぎてもそのまま進めてしまえばいいでしょう。モチベーションが低くて進められないというハードルをうまく乗り越えたわけですから。

モチベーションとは、実は行動によってしか上げることができないとも言われています。やる気が起きないときこそ、行動することで、モチベーションが上がっていくことが往々にしてあるのです。

それでも、5分たって、やはりやる気が続かなければ、やめてOKです。

このとき、途中経過をメモで残すようにしておくのがポイントです。

途中でやめてしまっているものは、あとからそれを見ると、「中途半端な状態になっているのが気持ち悪い→終わらせてしまいたい」という気持ちが生まれるからです。

もう1つの方法は、**別な方法でモチベーションを上げてから、その流れで気分の乗らないことに取り組んでみる**というもの。

たとえば、お気に入りのノリのいい曲を聞いてテンションを上げてから、そのまま気乗りしないことに取り組んでみると、意外と嫌なことにもすんなりと入っていくことができます。

もちろん音楽である必要はなく、あなたの気分がノッてくる鉄板の「何か」があると思いますので、それを用意しておきましょう。

好きな仕事、モチベーションの上がる仕事を先にやっておいて、調子が乗ってきたところで、乗らない仕事に切り替える方法もいいでしょう。気分が乗っているので、その調子で嫌な仕事をサクサク終わらせられることがけっこうあります。

最初にご紹介した方法と組み合わせて

「モチベーションの高い仕事を30分↓低い仕事を5分↓高い仕事を30分↓低い仕事を5分↓……」

と繰り返していき、調子が上がらなかった仕事に勢いがついてきたところで、そのまま一気に取り組むという方法もいいでしょう。

モチベーションとかやる気とかというものはただ上がるのを待っているだけではなかなか上がっていきません。

5分だけとか、他の方法でテンションを上げてから、というようにどんな形であれ、勢いをつけてスタートしてしまいましょう。

悪いクセをやめるコツ

**5分だけと決めて取り組む。**

＼ヤメル！／

# 09 メモを取り忘れる

スマートフォンが普及してから、メモを取る人が明らかに減りました。紙のノートやメモ帳自体を持っていない人も少なくありません。

そのかわりに増えたのが、録音です。レコーダーやスマートフォンなどで会社の打ち合わせを録音する人もいます。

レコーダーはとても便利なツールで使うこと自体とてもいいことですが、だからといってメモを取らないのはとても損です。

会議をレコーダーで録音すればそれは記録になりますが、それを聞き返すのは2回会議に出るのと同じで時間のムダづかいです。特に2回目もメモを取らないのであれば、ほぼ意味がありません。

メモを取らないと、自分の記憶に頼ることになります。そうすると忘れたり、間違えて覚えたりする可能性が高くなります。正確性に欠けた情報に基づいて仕事をするのは、ビジネスの世界では非常に危険なことです。

若い人でＩＴリテラシーが高い人ほど、メモを取らない傾向があるようですが、そういう人はやるべきことが抜け落ちがちです。あとで確認しても、覚えていないというケースもあります。ＩＴスキルがあっても、それ以前のところでつまずいているわけで、すごくもったいないと感じます。

メモをしていれば、あとから一瞬で見直せますし、記憶の補助にもなります。会議についても、メモが残っていれば、議事録をまとめたりするのも短時間で処理できるはずです。録音した音声は、念のため確認をしたいところだけ聞けばいいのです。**振り返る必要があることはとにかくその場でメモを取ること**。電話で連絡した仕事で発生する問題のほとんどは、相手が記録をしていなかったことで起こるのです。

ではどのようにすればメモを忘れずに取ることができるのでしょうか。

それは、**メモを取るハードルをとことん下げる**ことです。丁寧に書かなくてはとか、きれいに書かなくてはとかまじめに考えすぎるとメモを取るハードルが上がりますが、美しくや上手に書く必要はありません。自分が読めればそれでＯＫ。落書き程度のメモでいいので、書きなぐるくらいの気持ちで取ることがポイントです。

メモ用紙は、ノートか小さなメモ用紙を用意して仕事の最中、常に持ち歩くようにしましょう。ただし、コピー用紙の裏紙は、紛失しやすいのでやめましょう。どんなに高いノートを使っても、スマホに比べると圧倒的に格安です。しかも、そこにメモを書いておけば、読み返したときすぐにどのような仕事だったかが脳裏に浮かび、とても価値が高い情報になります。

口頭だけでなく、メールで送信されてくるような事柄についても、内容が多岐にわたる場合は書き出して考えるようにするといいでしょう。

書きなぐったものであっても、それを見ればやるべきことの段取りが見えてきます。

段取りがわかれば、中断があっても、すぐにリスタートを切ることができます。

他人の知恵や経験はグーグルで検索できる時代になりましたが、自分の経験は、自らメモして記録しておかなければ、検索することはできません。ノートに書いただけだと、あとから探すのはデジタルツールのように簡単にはいきませんが、**時系列に並べておけば、スケジュール帳の記録から手繰《たぐ》ることができる**はずです。

数か月前、数年前にやった仕事でも、当時のノートがあれば、同じようにやることができます。メモは仕事の再現性を高めるツールでもあるのです。

**悪いクセをやめるコツ**

☑ **字が読めて、時系列がわかる**メモであればＯＫ。

＼ヤメル！／

# 10 ぜんぶ自分でやってしまう

何でも自分の力で仕事ができるのはとてもいいことです。しかし、何でもできるからと言って必ずしもすべてを自分でやる必要はありません。他の人にもできるのであれば、それはその人にやってもらい、あなたは別な仕事に取り組んだ方がいいでしょう。特に明らかにキャパシティーを超えているのに、すべて自分で抱え込んでしまうと、仕事の質が落ちかねません。

でも、多くの人は何でも自分でやってしまう、つまり人に任せられません。その理由は大きく3つあると思います。

## ①自分でやった方が速い

②人に頼むのが面倒
③頼んだことをしっかりやってくれるか心配

もし、あなたが何でも自分でやってしまう理由がこの3つのいずれかに当てはまるのであれば、仕事を任せることは可能です。

大切なのは仕事の分解です。

まずは自分の仕事をリストアップします。そして、それが急ぎのものであるか、そうでないかの検討をします。急ぐ仕事であれば、自分でやった方がいいでしょう。しかし、急がないものであれば、それは、誰かがやってもいいのかもしれません。

次に急がない仕事を手順ごとに分解します。

あなたがリーダーとしてチームの進捗会議を行っているとします。

（1）事前に各メンバーから提出された資料を取りまとめる
（2）メンバーに資料を配布する

（3）当日の進行をする
1　各メンバーから進捗状況の報告とコメントをもらう
2　総括をする
3　次回の日程と検討課題を決定する

これを見るとどうでしょう。（3）の2・3以外は、あなたがやらなくてもよさそうです。もしかすると、日程の調整も他の人ができることかもしれません。

どんな仕事もステップがありますから、そのステップを細かく書き出してみてください。それによって自分でしかできないこと、他の人でもできることがわかります。

また、このステップ分けは、もう少し細かく行うことでマニュアルにもなります。

たとえば「事前に各メンバーから提出された資料を取りまとめる」であれば、「会議1週間前にリマインドメールを送り、締切前日にも再度メール。その際、全員データで出してもらうことを明記……」のようにすれば、マニュアルになるでしょう。

このように仕事のステップをマニュアル化して、その通りにやってもらえばいいのです。なお、マニュアルというと完璧なものを作ろうとしがちですが、最初から完璧を目指す必要などはなく、箇条書きでもいいからまずは形にして、取り組みながらバージョンアップしていけばいいでしょう。

このマニュアル化によって、「人に頼むのが面倒」とか「頼んだことをしっかりやってくれるか心配」といった、自分でやってしまう理由をつぶすことができます。

ぜひ今自分が抱えているルーティンの仕事、スポットの仕事について、こうした分解・マニュアル化作業をやってみてください。

自分にしかできない仕事が明確になり、人に任せた分の時間ができることで、仕事の質をより高めていくことができるでしょう。

悪いクセをやめるコツ

**仕事を分解してマニュアル化しよう。**

# 第2章 生活の「やめる技術」

＼ヤメル！／

# 11 レシートやポイントカードで財布がパンパン

財布がレシートやポイントカードでいっぱいになっている人がいます。カードがたくさんありすぎて、どこに何があるのか、すぐにわからない。カードを持っているはずなのに、取り出せない。

レシートについている割引券をもったいないと思って保存しているうちに、どんどんたまっていき、気がついたときには期限切れになっている。

なぜ、ポイントカードやレシートをとっておくかといえば、もったいないという心理が働くからでしょう。でも、管理できないのであれば、持たない方が財布まわりがすっきりします。

ポイントカードのポイント還元率は、通常1％前後です。1万円の買い物でもポイントは100円。そんな高額な買い物はなかなかしません。普段はもっと少額でしょう。しかも、店ごとにポイントカードを作っていたら、パンパンになるわりに貯まっているポイントは数十円くらい。それも知らない間に失効してしまうと何のために苦労して貯めたのかわかりません。

思い切ってぜんぶ捨てれば、レジ前でもたつくことなく快適です。財布もスリムでスマートです。

だからと言ってポイント還元を放棄するわけではありません。最近増えてきたのが、**スマホがポイントカードがわりになるシステム**。これを活用すれば同じようにポイントをスムーズにもらうことができます。

財布と大きく違うのは、サッと出せて荷物にもならず、お得で、検索もでき、クーポンなどもすぐに出せるところです。

ただし、このとき1つ工夫が必要です。

**ポイント関係のアプリは、スマートフォンの一画面にまとめること。**

1つの画面内に、ポイントカードとキャッシュレス決済などのアプリを収めるようにするのです。増えすぎてしまったときは、「ファストフード」とか「DS（ドラッグストア）」というようにフォルダーを作って分類します。

よく使うものについては、フォルダーに入れず、すぐにタップできるように、トップ画面に置いておくと便利です。

そのうえで、**音声機能を組み合わせれば最強**でしょう。音声でアプリを起動するのです。「マツキヨのアプリを起動する」「ｐａｙｐａｙを起動する」「Ｐｏｎｔａカードを起動する」と言えば、画面上でアプリを探す手間も省けます。

お店に入る前のタイミングでやった方が、恥ずかしくないし、店内に入ってすぐにクーポンがあることに気づけたりします。レジ前でもたつくこともありません。

決済もスマホですませば、財布すらいらなくなるでしょう。

現金、特に小銭を出さなくていいというのは、ものすごく時間の節約になります。

以前、コンビニのレジでは現金を出すのが当たり前でしたが、交通系のICカードなどが普及してカードをリーダーにかざすだけで決済できるようになりました。それでもカードに現金をチャージする必要がありましたが、現在はチャージも自動でやってくれるカードやアプリも出てきました。財布からお金を出す行為がなくなりつつあるのです。そして、こうしたことがさまざまなお店で実現できるようになっています。

さらにアプリを使うとポイントの有効期限やその残高が表示されたり、購入履歴も残ったりするので、レシートをとっておく必要がありません。レシートにつく割引券は1週間以内に使うかどうかをその場で考えて、使わないようなら捨てるなどルールを決めます。ポイント・クーポンは財布ではなく、スマホに貯めましょう。

悪いクセをやめるコツ

**ポイント・クーポンは場所をとらないアプリで管理。**

＼ヤメル！／

# 12 ダイエットや英会話が続かない

ダイエットや英会話の勉強を今度こそやろうと思ったけど、挫折した。よくある話だと思います。私自身、何度となく挫折してきました。

しかし、なぜ挫折するかがわかってから、失敗することが格段に減りました。

ダイエットや英会話の勉強がうまくいかない理由、それはなんとなくやってみようとしているからです。

本気で目標を達成したいのなら、**やるべきは目標となる日にちを決めること**です。

ダイエットであれば、好きなアーティストのライブの日、○月○日までにやせると決める。

英語の勉強であれば、ＴＯＥＩＣ®などの試験のご褒美に海外旅行に行く日を決めるのです。3か月、半年、1年かけてというように期間を設定するのではなく、○月○日までにと具体的な日時で区切ってしまうことがポイントです。

さらには、それを**周囲に公言して、できれば一緒に取り組んでもらえる仲間を見つけること**ができれば目標を達成しやすくなるでしょう。

たとえば、ライブに一緒に行く仲間にもダイエットに取り組んでもらう。海外旅行に一緒に行く人には、英語を勉強してもらうという具合です。

同じゴールに向かう仲間を作ることで、お互いに意識し合いますし、自分が公言した手前、がんばらなくてはという気持ちも働きます。何よりも経過を共有し合うことで、励まし合いながら目標達成に向けて進むことができます。

目標の日を決める。仲間を探す。この2つがダイエットや英会話のようなゴールのない目標に向かうときには重要なのです。

私自身、この方法で数キロやせた状態をキープしています。

では、目標を達成したあと、つまりライブのあと、海外旅行のあとはどうすればいいのでしょうか。ライブまでに5キロやせても、またリバウンドするかもしれません。ですが、ライブの日までにやせたのであれば、ライブのあとにリバウンドしてもかまわないと考えるのです。また、目標の体重や点数に届かなかったとしても、少しでも成果が認められればそれは成功だと考えましょう。

そしてもし継続したければ、その翌年のライブも行こう、海外に行こうと一緒に取り組んだ仲間を巻き込めばよいのです。

実際に取り組むなかで気をつけたいのは、最初に力を入れすぎないこと、そして無理をしないこと。スタートダッシュをしすぎると必ず息切れしますし、無理をしたことのしわ寄せが必ずどこかでやってきます。

ですから、ダイエットや英会話を継続させるコツは、**毎日少しだけやる**ことです。

ダイエットであれば、毎日体重計に乗るだけ。

測って増えていれば、食事の量や時間に気をつけようとか、減っていればこの生活パターンを続けようというように、ペースがつかめてきます。

そのように毎日、体重計に乗ったあとの数分意識するだけでも、何もしないときと比べると、結果は大きく変わります。ダイエットアプリなどに毎日の体重を記録してもいいでしょう。

英語の場合も、アプリを入れて毎日ちょっとだけ勉強するのです。単語でもフレーズでも少しでもいいから毎日です。

ポイントは、メールやLINEのような毎日起動するアプリの隣に置いておくことです。そうすれば、ついLINEを開こうとする前に、アプリが目に入って「あ、やらなきゃ」と勉強できるはずです。無理なく続けられる工夫の1つです。

悪いクセをやめるコツ

☑ ゴールの日付を決めて仲間を見つける。

＼ヤメル！／

# 13 ポータルサイトのニュースばかり見ている

必要な情報を得ようとするとき、インターネットは検索が便利な一方で、ヒットする情報の量が膨大であり、かつその質が玉石混淆《ぎょくせきこんこう》というマイナスがあります。

一方で、ポータルサイトのニュース記事などは、アルゴリズムで自分に最適化されたコンテンツが表示されるため、予期しない貴重な情報との出会いが少ないという特徴があります。

ですから、ただ漫然とネットで情報収集をしていると、実は質の低い同じような情報のまわりをぐるぐる回っていただけということになりかねません。

インターネットによって誰でも平等かつ簡単に情報にアクセスできるようになったと言われますが、皆が皆、質の高い情報を入手できているかというと、それはまた別の話でしょう。

こうした状態から脱するには、**必要な情報を確実に入手しつつ、意外性のある情報に触れる仕組みを作る**必要があります。

まずは、自分にとって必要なことがはっきりしている情報の集め方からです。

このとき役に立つのが**グーグル・アラート**というサービスです。

興味のあるキーワードを登録して、希望の頻度、媒体などを設定しておくとメールでダイジェストとその本文のＵＲＬが飛んできます。

私の場合、勤務していた「花王」の情報は、ニュース媒体で週1回まとめて受け取ります。また現在は「商品開発」のコンサルをしているので、商品開発というキーワードもニュース記事で受け取ります。それを見ていれば、新しい商品でかつニュースで取り上げられた「開発モノ」がわかるので、参考にできます。

グーグル・アラートで検索して、キーワードを設定するのは難しくありません。グーグルが自動で検索してその結果を報告してくれて無料です。

このサービスを使っていると、トップニュースが数件だけ表示されるポータルサイトなどのネットニュースをあまり読まなくなっていくことに気づくでしょう。

話題になっている情報だけでなく、自ら見逃してはいけない情報を自動的に収集してまとめてくれる自分だけの情報源を持つことができます。

なお、情報の質の見極め方ですが、21ページでふれたように記名情報は、内容に責任を持って書いているため、信頼性があると判断していいでしょう。

一方、意外性のある情報にふれるためにはどのような工夫が必要でしょうか。

私がおすすめするのは、「ｄマガジン」のような**複数の雑誌が読み放題になるサービス**と契約して、電車の待ち時間や移動時間にその日に発行された雑誌を適当に読むことです。雑誌の情報は、質という意味では、お金と時間をかけて作られているので、一定の安心感があります。

読む順番は、**できるだけ知らない雑誌、自分からは縁遠い世界の雑誌から読む**のがいいでしょう。

普段読んでいるのがビジネス誌やモノ系、ＩＴ系の雑誌であれば、女性向けの雑誌など書店で買わない雑誌を読んでみます。熟読の必要はなく、読み飛ばすくらいの感覚で読んでいき、その中で引っかかったものを読み込めばいいでしょう。

同じキャッシュレスＩＴの情報を扱うにしても、ビジネス誌ならテクノロジー、女性誌なら家計など切り口が違った形で紹介されるため、さまざまな視点が得られるでしょう。さらには将棋の雑誌を読んでいて、ローソン公式ＬＩＮＥで将棋が指せるという、将棋の世界にいなければ知り得ないＩＴ系の情報に出会うこともあります。

そうやって集めた情報はストックしてもいいし、ＳＮＳで発信してもいいでしょう。工夫次第で、ムダのない質の高い情報を集めることができるのです。

悪いクセをやめるコツ

☑ 必要な情報と意外な情報に出会える仕組みを作る。

＼ヤメル！／
14

# 電車に乗ったらすぐスマホ

電車に乗ってついスマホをいじってしまう。これはもう現代病と言ってもいいかもしれません。

とりあえず、ＬＩＮＥ。とりあえず、ＳＮＳ。とりあえず、メールチェック。とりあえず、暇つぶしのゲーム。

時間を消費するのにスマホほど優れたものはありません。

会場に行かなければ聞くことのできなかったプロの歌をヘッドホンだけつければ聞くことができます。ＹｏｕＴｕｂｅであれば、ライブの映像だって見られます。

ＳＮＳを立ち上げれば、旅をしなくても友人たちがインスタ映えする写真を見せてくれます。

机に向かって、ペンを取り、一生懸命手紙を書くことをしなくても、立ったまま世界中の友達に無料で指先だけで便りを出すことができます。

このような快適さを一度味わってしまった以上、手放すのは難しいでしょう。

もちろん手放す必要はありません。時間は有限です。なんとなくスマホをいじって時間を浪費していることをやめるだけです。

なかなか手ごわそうですが、これも工夫次第でやめることができます。

まずは**アプリの場所の工夫**です。

たとえばついＳＮＳばかりをしないように、アプリをフォルダーの深い場所に置いておきます。アプリをさわるのを少し手間がかかるようにしてしまえば、なんとなくタップするということもなくなるでしょう。

逆に日経新聞の電子版やＣＮＮジャパンなどのような良質なニュースを提供するアプリをすぐにタップできる場所に置いておくのです。

66～67ページでもご紹介した雑誌を読むアプリもスマホやタブレットでタップしやすい位置に置いておきます。

ＳＮＳより記者の人が書いている情報の方が時間もお金もかけているので良質です。友達の投稿に意味がないわけではないですが、人の食べたごはんばかり見てもお腹が減るだけでしょう。

ニュース記事は、今どのようなことが起きているのか、これからどのようなことが起こり得るのかを把握できます。そして、そこからビジネスにつながるアイデアが出てくるのが大きなメリットです。

ポータルサイトのような、セレクトされたニュースは、ＰＶ稼ぎの見出しやコンテンツが多く、おすすめできません。それよりは主張がはっきりした媒体のサイトに直接行き、そこで読んだ方が質の高い情報を得られるでしょう。

ＹｏｕＴｕｂｅやｔｉｋｔｏｋのような次々に表示される娯楽系のコンテンツは楽しいので、つい際限なく見てしまいます。

これも見ること自体がだめなのではなく、次々表示されるのが問題なだけです。このようなものに対しては、**タイマーをセット**してから見るといいでしょう。

時間がきたらやめると最初から決めておけば、通知がされたら、そのタイミングでやめることができるのです。ゲームに関しても同様です。気分転換にはいいと思います。ただこれも時間を決めないとエンドレスになってしまうので、タイマーを使って強制的に終わらせるといいでしょう。

スマホで時間を浪費しないためには、こうした小さな工夫をして、最適な形でスマホを使えるようにしておくこと。そうすることで、とりあえずスマホをさわって無目的に使ってしまうという状態から脱却できるはずです。

**悪いクセをやめるコツ**

☑ なんとなくタップするを**やめる仕掛け**を作る。

＼ヤメル！／

# 15 いつも時間ギリギリ

約束の時刻に時間ギリギリで到着するのはできれば避けたいところです。移動中、間に合うか気が気でないし、間に合ったとしても焦ってギリギリの到着では、スムーズに用件に入ることは難しいのではないでしょうか。

特に都心だと、電車が分刻みで来るので、皆ギリギリの時間でも移動できると思っているから初動が遅れるのです。地方に行って、空港バスなどに乗ろうとするときは、たいていの人は遅くとも5～10分前に来ています。できないわけではないのです。

では、どうすれば時間ギリギリの行動から抜け出せるのでしょうか。それは**到着時間を前倒しする**ことです。

多くの人は移動をするとき乗換案内のアプリなどを利用して、その時刻通りに行動するでしょう。この到着時間を前倒しにします。

ポイントは前倒しにする時間を5分とか10分とかではなく、**1時間前にすることです。どうしても動かせない会議などが直前にあって難しいときもあるかもしれませんが、基本的に1時間前到着で行動できるようにすべてのスケジュールを組んでいくのです。**

たとえば、国内線の飛行機に乗るときには、空港に到着するのはチェックイン締め切りの1時間前。現地の電車の移動で、目的地の駅に着くのも予定の1時間前。このように行動すると、1時間ずつ余裕ができるので、仮に飛行機や電車が遅れても、余裕をもって対応することができます。

この方法のいいところは、移動による疲れが減ることです。出張をイメージするとわかりやすいでしょう。早い時間の電車であれば空いていますし、重い荷物を持って必死に走り回る必要がありません。

もちろんそのためには、早く起きなくてはいけませんが、混んでいる電車で体力を消耗するくらいなら、少し寝不足でも移動時に寝ている方が結果的に疲労が少ないでしょう。

1時間余裕があれば、予定の電車を逃してしまっても、それほど慌てる必要はありません。なかなか訪問する機会がないところで、何か気になるお店などがあれば、立ち寄ることもでき、前倒しの時間をおおいに活用できます。時間ギリギリの行動ではこうはいきません。

カフェや空港やホテルのラウンジ、コンビニのイートインなど、外出先で仕事ができる環境が整っています。先に移動してそこで仕事をすれば、移動時間も活きるし、途中で慌てることもなくなるはずです。

これを応用した**1時間前の出社**もおすすめです。

仕事を早くスタートすることもできますし、始業時間までは仕事以外のことをして過ごすこともできるでしょう。

電車遅延などのトラブルに巻き込まれても、慌てることなく対応できますし、混雑した通勤電車を避けることができれば、心も体も疲れることなく、フレッシュな状態で今日1日の仕事に取り掛かることができます。

では、どのタイミングでその習慣にスイッチできるかです。1時間前倒しと聞くとハードルが高そうに思われるかもしれませんが、一度やってみるとそれほど難しくないと感じるはずです。自分の体の中にある時計を1時間早められるよう、ぜひ習慣づけてみてください。

悪いクセをやめるコツ

すべて**1時間前倒し**で移動してみよう。

＼ヤメル！／

# 16 テレビをだらだら見る

今何時なのか確認したくて、なんとなくテレビをつけてしまう。そうしたら、つい見続けてしまって、気がついたら何時間もテレビの前に座り続けていた。決して他人事ではないでしょう。

テレビ離れということがよく言われますが、そうは言ってもテレビ局が時間とお金をかけて作っているコンテンツの力というのは馬鹿にできません。見れば、つい引きつけられてしまう魅力を持っています。

明確な目的を持って見る分にはいいのですが、無目的になんとなく見てしまうと限られた時間をムダにしてしまいます。

対策を講じる必要があるでしょう。

テレビは、さまざまなパターンでつい電源をオンにしがちなので、ケースごとに対策を紹介します。

まず、時刻を確認するためにテレビを見る習慣をやめるには、**テレビの上に時計を置く**ことです。テレビを見るときに時計も目に入るような動線にすれば電源のついていないテレビを見る＝時計を見ることになりますから、電源をオンにする必要がありません。

天気予報を見るためにテレビをつけてしまうのもありがちです。すぐに天気予報が出るわけではありませんから、チャンネルを変えたりして、天気予報のニュースが出てくるまでテレビをつけっぱなしにしてしまいます。

これは**スマートスピーカーを使う**ことで解決できます。

「OK、グーグル、今日の天気は？」「アレクサ、今日の天気は？」とたずねるだけで天気を教えてくれるのです。

より便利なのは、大きな液晶画面のついたスマートスピーカーです。音声を聞き逃しても画面に晴れや曇りなどのマークがしばらくは表示されていますし、時計がわりにも使えます。朝出かける準備をしながら、着替えるついでに声をかけるだけで済むので時間も効率的に使えます。これから出張するときでも「大阪の天気は？」と聞けば、東京にいても大阪の天気を教えてくれます。

スマートスピーカーにはさまざまな機能が搭載されていますが、私自身は天気予報を聞くだけで十分元が取れると感じています。

放送している番組がつまらないとき、チャンネルを変えてザッピングするのも、もったいない時間の使い方と言えるでしょう。

オンタイムの視聴にこだわらなければ、**録画した番組だけを見る**ようにすると、こうしたムダな時間を減らすことができます。

録画した番組がおもしろくなければ、すぐ別の録画を見るのです。こうすればザッピングをする必要はありません。

また、番組が終わったら録画が終了するので、そのままだらだら見続けることもないでしょう。

お気に入りのドラマをオンタイムで見るとか、ワールドカップやオリンピック、プロ野球などのスポーツをオンタイムで見るのは、なんとなく見ているわけではないから問題ありません。目的を持ってテレビをつけるのは、悪いことではありません。人生は楽しむためにあるのですから、テレビに問題があるわけではないのです。

なんとなくテレビを見続けてしまうことが、もったいない時間の使い方です。その習慣だけやめればいいのです。

悪いクセをやめるコツ

**録画視聴に切り替えればムダな時間をカットできる。**

＼ヤメル！／

17

# ネットサーフィンが止まらない

時間を忘れてネットサーフィンして、気がついたら夜中。ある意味、ネットはテレビより中毒性があります。なぜなら、終わりがないからです。

テレビ番組は時間がくればそこで終了ですが、ネットは、興味があるページや記事をいつまでも見続けることができます。自分の興味をとことん追求できるので終わらないのです。

人間の好奇心を利用した禁断の果実がネットと言えるでしょう。

もちろん、ネットサーフィンをやめる必要はありません。やりすぎてしまうことが問題です。毎日夜ふかしばかりしていては健康にもよくありませんし、時間は有限ですから、有効活用を考えるべきです。

おすすめは、71ページでも紹介した**アラームをセットしてからネットサーフィンをすること**。これだけです。

ネットサーフィンを始める前に15分間のアラームをセットしてスタート。

YouTubeなど、次々と似たコンテンツを表示してくれるサイトは便利ですが、そのままではいつまでたっても視聴を続けてしまいます。ですが、15分後にはアラームが鳴るので、その時点でやめるきっかけが生まれます。

ネットの動画ですから、見ようと思えばいつでも見られます。もし、そのとき見なかったとしても、またどこかで見るタイミングもあるはずです。

私も同じ方法で制限をかけていますが、始めた当初は気になって、タイマーで中断したサイトをブックマークしたり、リンクを保存したりしていました。けれどもそれも今はやめてしまいました。本当に必要だったらまた探せばいいし、1つくらい見逃したところで仕事や生活に影響はありません。

むしろ、中断した仕事を作ってしまってノイズとなる情報やタスクが増える方が面倒だと割り切ってしまいました。

スマホのブラウザに残った履歴もどんどん消します。
時間内で楽しんで、終わったら終了。もちろん、仕事で共有した方がいいとか保存しておくべきと思った内容は、グーグル・ドライブにPDFファイルで保存していますが、基本的にその場の15分以内に処理すると決めています。

その場で処理する方法としておすすめなのが、**メールやSNSでどんどん情報をシェアしていく**方法。

これであれば形として残りますし、シェアした相手から思わぬ形でフィードバックをもらうこともあります。

自動運転の記事見たよとトヨタの友人にメッセージを入れたり、ネットニュースで書評見ましたと著者の友達にメールしたりといった仕事寄りのものもあれば、インドの情報を見つけてインドに行ったことのある友人のことを思い出したら、こんなの見つけたよとメールするなど連想ゲームのように遊んでいる間に、あっという間に15分がたってしまいます。

もうちょっと続けたいというときは、タイマーを再セットすることもありますが、基本は15分。15分あれば、結構な情報が得られて好奇心を十分満たせます。

もっともっととあまり欲張らずに、また興味や関心がわいてきたタイミングで、タイマーをセットして、ネットサーフィンを始めましょう。

悪いクセをやめるコツ

☑ タイマーを使って15分だけ情報の波に乗ろう。

＼ヤメル！／

# 18 衝動買いをして後悔

衝動買いをすることが悪いわけではありません。

「これだ！」と思って衝動的に買ったのに、やっぱり使わなかったり、使えなかったり、買わなければよかったと後悔したりする。そうした「残念な買い物」がもったいないのです。

ですが、わかっていてもなかなかやめられない。

メーカーは、あの手この手であなたが買いたくなるように広告を打ち、魅力的なパッケージであなたの気持ちをつかもうとします。さらには、季節ごとのおトクなセールを打ってきます。

私もよく衝動買いしますが、ムダな買い物にならないよう気をつけている習慣があります。

それは、**衝動買いする前にひと呼吸置き、買いたいモノを使っている自分を想像すること**。

「いつから？」と「どんなふうに？」を少し考えてみるだけで、意外とムダな買い物がなくなります。

まず、自分が買いたいモノを、いつから使い始めるか想像してみます。

1週間後、3日後、3時間後……そう考えて、その使う時期に近くなってから、あらためて買いに来ることにしましょう。3日後に使うならば、あと2日考える。考えるのはタダだし、楽しいでしょう。

セールなどで今決めなければ、次に買う機会がないというときは、自分が買いたいモノを、どんなふうに使っているか想像してみてください。

実際に使っているシーンや友達に自慢しているシーンを想像してみると、いいことだけではなく、ネガティブなケースも頭に浮かぶかもしれません。

「友達が持っている服とデザインがかぶるかもしれない」
「便利だけどすでに持っているものと互換性がない」
「部屋のスペースをとる可能性がある」

そのようなとき、どのように対応するだろうかと考えてみるのです。

使うことをイメージしてみると、少し熱が冷めてくることもありますし、もっとほしくなってくることもあります。

ほしいモノには、いいところも悪いところもあるはずですが、考えるのはタダです。ムダづかいにはなりません。

また、**1人で考えないで、友達に話したり、メールしたりしてみる**のも楽しいです。ほしいモノについてワイワイと相談するのもいいでしょう。

買い物は、実は、買う前がいちばん楽しかったりするもの。想像したり、友達と話し合ったりして買ったとしたら、すでに十分楽しんでいるわけです。

仮に買わなかったとしても、買う前のひと時を楽しむことができました。

「買いたい！」と思ったときに、ちょっと立ち止まってみてください。大きく想像をふくらませてみましょう。

悪いクセをやめるコツ

購入する前にひと呼吸置こう。

＼ヤメル！／

# 19 いつも忘れ物をしてしまう

「あっ……、あれがない！」

あなたにもありますか？　忘れ物グセ。

忘れ物があるかどうか、頭の中だけでチェックしてしまうから、抜けが出てしまうのです。

ですから、ポイントは頭を使わないようにすること。

忘れ物を防ぐいちばん簡単な方法は、**チェックリストを作る**ことです。

私の場合は、チェックリスト用のメモ帳を作っています。メモ帳はリングタイプの小さいサイズ。項目ごとにページを変えています。

リングノートにしていると、チェックが終わっていないページをいちばん前のページに持ってきたりと自由に動かすことができるので便利です。

メモ帳に書くのには、理由があります。

たとえば、私が主催している朝会は、必要なモノがたいてい同じ。そこで、リングタイプにすると、一度書いてしまえばそれを使い回すことができます。書いたモノを見てチェックするのは、考える必要がありませんから速いしラクです。

もちろん、あとから追記することもあります。

そのときは、追加で買ったようなモノを追記して、リストをバージョンアップしていけばいいだけ。

リストを見ること自体を忘れてしまう人は、「持ち物確認」を習慣づけてしまうのです。1日が始まったら、

「起きる↓顔を洗う↓着替える↓チェックリスト確認……」

というようにする。

それでも難しい人は**「ToDoメール」**がおすすめです。「やること」「確認する時間」をメールで送信しておけば、その時間にやるべきことをお知らせしてくれます。

スマホ用のスケジュール管理のアプリを使っても、同じように時間になったらアラームとともにやるべきタスクを表示してくれます。

リスト以外の工夫としては、**「セット」を作る**のもいいでしょう。

同じシーンで使うモノをセットにして置いておくのです。たとえば、私は「講演用セット」として、ＭａｃＢｏｏｋと電源ケーブル、プロジェクター出力用のケーブルを小さなカバンに入れています。

ノートパソコンのような大きなモノ以外なら、１００円ショップで売っているようなジッパー付きのビニール袋で十分事足りるでしょう。

出張中の衣類なら、洗濯ネットの中に入れておきます。あらかじめセットができていれば、出張先のホテルでも慌てませんし、着替えたあとの衣類を入れればそのまま洗濯もできて便利です。

悪いクセをやめるコツ

忘れちゃいけないと頭で考えるより、考えないでもいい仕組みを作る。

＼ヤメル！／

20

# ギリギリまで寝て遅刻する

いつも、ギリギリまで寝てしまう。

そして、朝がバタバタになってしまう。

私もギリギリまで寝ていますが、私の場合、朝、慌てるようなことはありません。

それは「起きるべき時間」の定義が違うからです。

多くの人の起きるべき時間は、出かけるタイミングから逆算して、ギリギリの時間です。当然それでは、慌ただしく家を出ることになってしまうでしょう。

一方、私の場合の起きるべき時間は、出かけるタイミングではありません。

朝仕事をするために起きるべき時間に設定しています。

もちろん、私もなかなかパッと起きることは簡単ではありません。

ですから、自分に必要な睡眠時間を確保しておくことと、**次の日の朝に「好きなこと」や「やりたいこと」「大事なこと」を設定しておき、それを前日の夜に意識しておく**。そうすれば、すっきりと起きることができます。


特に次の日の朝の「お楽しみ」を決めて寝ることは大切です。

明日は海外旅行で飛行機の時間が決まっているというとき、たいていの人は普段朝が弱くても、パッと目覚めることができます。

人は起きる目的がはっきりしていて、しかもそれが楽しいことであれば目覚めよく起きることができるのです。

そして、これを応用して生活のリズムを作っていきます。

たとえば、何か新しい製品を買ったときも、夜に開封しないようにします。「朝起きてから開ける」と決めるのです。

新しい家電製品や携帯電話、洋服、雑貨、化粧品を買ったときは、「すぐに使ってみたい！」と思うけど、あえて開けない。

普段起きるのが6時だとすると、「開ける時間」「試す時間」のために、少し早起きします。1時間かかるとすれば、5時に起きる。

ですが、睡眠時間が少なくなったら体によくないので、普段より1時間早く就寝するのです。

よくあるのが、夜開封してしまい、夢中になって寝るのが遅くなって、次の日の朝起きれないパターン。これはもう夜の時点で満足しているから起きられないのは当たり前です。

朝ならば、会社に行ったり、学校に行ったりと予定があるため、ムダにダラダラとしないでしょう。

続きをやりたければ、また翌朝早起きすればいいのです。

本を読むとか友達からのメッセージをチェックするとか、**毎朝、自分へのプレゼントとして「お楽しみ」を用意する**と、意外なほどすんなり起きられます。

朝起きたら、「プレゼント」がある。そう思えば、ツライ朝も楽しく起きることができるはずです。

**悪いクセをやめるコツ**

☑ **明日朝ある楽しいことを思い浮かべて**から寝よう。

＼ヤメル！／

21

# つい間食をしすぎてしまう

仕事をしているときでも、家にいるときでもつい間食をしてしまうこと、あると思います。しかも、そういうときに食べるものはたいてい糖分の多いものやカロリーの高いものが多いようです。

それがごくまれに、であれば問題ありませんが、ほぼ毎日ということであればその習慣を見直す必要があります。

たとえばこのような方法はどうでしょうか。

**食べる前に写メを撮るというルールを決めておきます。そして写メを撮って、それを仲のよい友達にメールで送るのです。**

「ヤケ食いします！　オッス！」
（添付ファイル：クリーム&チョコレートたっぷりケーキ）

うまくいけば、食べている最中にレスポンスがあります。間食をしているときは、1人でいることが多いはず。だから、メールを入れるのです。メールのレスがきたら、ちょっとお行儀が悪いですが、食事を中断して返信します。

すると、食べる量が減るでしょう。一気に食べるから食べすぎてしまいます。時間をかけて食べれば、徐々にお腹がいっぱいになってくるので、たくさんの量を食べずに済みます。1人で食べるときに、邪魔が入って間食が中断されるのがこの方法のポイントです。

メールではなく、SNSに投稿するのもいいでしょう。私はよく食事の写真を投稿するのですが、ものすごく美味しい食事の情報をアップするか、ドカ食い・ヤケ食いのいましめ用のどちらかです。

あまりに間食の頻度が多いとまわりが心配してくれます。

そうすると1人で食べているはずなのに、人の目が気になってくるのです。食べてもいいけど、写メを撮って送る、SNSにアップするというルールを課しているからです。

とはいえ間食を頻繁にしてしまうのは、ストレスがたまったり、疲れがたまったりしている証拠。そのおおもとを絶たなければいけません。

ついつい間食してしまう人におすすめなのは、ストレスのレベルをカロリーに置き換えてしまうこと。これによって、自分がどれだけストレスがたまっているか、可視化できます。

まずは、今日とった食事が何カロリーだったか、調べてみましょう。細かい計算は不要です。10の桁はすべて繰り上げるくらいでいいでしょう。290カロリーは、300ストレスというように、です。

そして2000を超える日が、時々であればいいのですが、頻発してくると相当ストレスや疲れが蓄積されているおそれがあります。

ストレスや疲れがたまってしまうのは、仕方がありません。ストレスや疲れの解消法が、間食することになっているのが問題なのです。食べること以外のストレス発散方法を見つけましょう。

単純に体を動かして汗をかくのもよし。マッサージに行ってみるとか、スパに行くなどリラクゼーションもいいでしょう。美容院やネイルサロンに行って気分転換してもいいかもしれません。

頻繁な間食はストレスや疲れのサインです。体にいい解消法を見つけましょう。

悪いクセをやめるコツ

間食している姿を発信しよう。

# 第3章 人間関係の「やめる技術」

＼ヤメル！／

# 22 いつでも「すみません」

「すみません」は、便利な言葉です。

素敵なプレゼントをいただいても、「すみません」。
相手に失礼なことをしてしまっても、「すみません」。
少し狭い通路を通るときにも、「すみません」。

ですが、「すみません」は言わないなら、それに越したことはありません。
なぜなら、「すみません」ばかり使っていると、思考停止状態に陥ってしまうから。
そして、相手に気持ちが伝わりにくいからです。

素敵なプレゼントをいただいたときには、「ありがとうございます」という感謝の言葉があります。

失礼なことをしたときは、「失礼しました」「申し訳ありません」。

狭い通路を通るときには、「後ろを通ります、お気をつけください」。

感謝の気持ちと謝罪の言葉が一緒だと、そこには何だか「とりあえず感」がないでしょうか。

心を込めて言葉を発するときには、状況に応じた適切なワードをきちんと選ぶべきです。確かに「すみません」は、機械的に言える言葉です。しかし、それでは気持ちが伝わりません。

あなたの中の「すみません」を封印しましょう。**「すみません」と言いたくなったら、少し我慢して、別な言葉で言えないか考えてみましょう。**

思いつかないという人は、まわりの人を観察してみてください。自分の気持ちを上手に言えている人がいるはずです。

あるいはメールや手紙などの印象がいい人を思い浮かべて、その人の文章を分析してみてください。

きっと「すみません」以外の言葉で気持ちをうまく伝えているはずです。

ボキャブラリーを増やせば、よりいっそう気持ちの表現が豊かになります。

感情表現だけでなく、さまざまな表現を適切な言葉で伝えるための訓練にもなるでしょう。

同じような言葉に「がんばれ！」があります。

「すみません」の次は、「がんばれ！」を封印してみましょう。

誰かを応援するときに便利な言葉、「がんばって！」。

ですが、実際にがんばるのは、相手。

自分はがんばってと言うだけでしょうか。

そう。ただ「がんばって！」と言うのは、少し無責任感を伴うのです。

だから、相手を励ましたいときにはこんなふうに言いましょう。

「お互いにがんばりましょう」
ではなくて
「お互いに本気で取り組みましょう」

このように、口グセのようになっている**何気なく使っている言葉を意識して言い換えてみる**と、より相手に謝罪の気持ちも感謝の気持ちも伝えることができるはずです。

**悪いクセをやめるコツ**

☑ **機械的に使ってしまっている言葉**を見直そう。

ヤメル！

23

# メールが冷たい

よく言われるように、メールの文章は、用件を伝えることを主な目的としてしまうと、冷たい印象を与えがちです。

たとえば、確認を求めるメールに対してひと言、

「確認しました」

と返信したとします。口頭であれば問題ないのですが、文字だけ見ると、どこか愛想がない印象を受けます。

また相手が長文のメールを送ってきたときも難しいケースです。

同じく短いメールで返信してしまうと、ぶっきらぼうな人だと思われる可能性があります。

かと言って、無理して長文で返信するのも考えものです。

実は、短いメールでも、失礼にならないようなコツがあります。返信に使えるマジックワードをご紹介しましょう。

**①「なるほど！」でスタートする**

「なるほど！」と入れれば、相手の話を読んだということが5文字で伝えられます。「読みましたよ」「おもしろかったです」より短いのに温かみがあるように感じられるでしょう。

**②感嘆詞を入れる**

「えっ！」「お！」「ほんとうですか！」「へぇー」のような感嘆詞を返信の中に入れると、短いフレーズですが、リズムが出ますし、ぞんざいな印象も和らぎます。

「びっくりしました」↓「えっ！　びっくりしました」

「参考になりました」→「ほんとうですか！　参考になりました」

「そうなんですね」→「へぇー、そうなんですね」

**③「いいな」と思ったフレーズをマネてみる**

このように短いけど、いいなと思うフレーズを誰かが書いていたら、それを覚えておいてマネしてみるのも1つのコツです。

①②などは、目上の人宛のメールなどでは使いにくいものもありますが、要はやわらかさを出すことです。

用件だけの短いメールというのは、相手のメールを読んでいないような、あるいはコミュニケーションを拒否するような印象を与えがちです。

そこで、短いけれどやわらかい言葉を選んで、修飾するのです。

入力するのにそれほど時間はかかりません。

友達や親しい同僚に対しては、このような気持ちのよいショートフレーズを使うことがポイントです。

いちばん失礼なのは、返事をしないことですから。悩んで書けなくなる前に、短くてもきちんと返信しましょう。

上司や取引先に対してのメールも基本的な考え方は同じです。

やはり用件だけだと冷たくなりがちなので、**親しさよりは、丁寧さを感じられるようなやわらかい言葉**を使って、メールに温かみを持たせましょう。

悪いクセをやめるコツ

☑ 用件を**やわらかい言葉**で装飾しよう。

＼ヤメル！／

# 24

# ついお礼を言いそびれる

「ありがとうございます」

お礼をちゃんと言われた方が嬉しいし、それは、みんなわかっているはずなのに、

ついお礼を言いそびれてしまうことってありませんか。

「ありがとうございます」と言う側からすると、お礼を言うタイミングってなかなか難しい。嬉しかったときにすぐお礼を言うのは少し恥ずかしい気がするし、逆に間を置くと、忙しくてタイミングを逃してしまいます。

翌日お礼を言おうと思っていたのに、あと回しになり、ついつい1週間たってしまう……。よくあるパターンです。

そのあいだ、まったく忘れているわけではありません。お礼できなかったことが、ずっと気になっています。

気持ちはあるのに「ありがとうございます」のひと言が言えなくて、ズルズルと時間だけが過ぎていき、最後には「今さら言っても……」となってしまう。時間がたつほど、言いづらくなるのがお礼というものです。

ですが、お礼を言われる側からすると、**どんなタイミングでも言われて嬉しいのがお礼**です。どのような形で言われても、「ちゃんとお礼をしてもらえた！」と嬉しいものなのです。

お礼とは感謝の気持ちを伝えることなのだから、タイミングはいつでもいいのではないでしょうか。

かといって、いつでも自然にお礼の言葉が出てくるわけではありません。相手の気持ちがわかっても、やはり言いそびれることはあります。

そこで、きちんとお礼を伝えられる工夫をご紹介しましょう。

それが感謝する記念日、「マイ感謝デー」を決めることです。

母の日があるから、お母さんに「ありがとう」が言えます。敬老の日があるから、おじいちゃん、おばあちゃんに感謝の言葉が言えます。

同じように、マイ感謝デーを作るのです。

自分の誕生日でもいいし、相手の誕生日でもいい。毎月月末でも、15日でも何でもいいのです。感謝の言葉を、あなたが決めた日に贈るのです。

「このあいだは言いそびれてしまったけど、あのプレゼントをありがとう」
「素敵な本をありがとうございます」
「楽しいイベントに呼んでいただいて、感謝します」

気になっているお礼は、ちゃんと言葉にする機会を持てると、自分も相手もハッピーになるんですよね。

お礼の伝え方は口頭でも、メールでもどんな形でもいいでしょう。

もちろん、メールより直接会った方がいいでしょうし、たまには手紙を送ることをすれば感謝の気持ちがより伝わりやすいでしょう。

ですが、こうした伝え方は次のステップです。

まずは、きちんとお礼を伝える日を決めて、感謝を習慣化していきましょう。

悪いクセをやめるコツ

☑ **感謝の日をスケジュールに組み込む。**

＼ヤメル！／

25

# あいさつが苦手

自分からあいさつをするのは、意外とできないものです。

とはいえ、人間関係が始まるのはあいさつから。できたらいいとみんなが思っているのに、難しい場合が少なくありません。

その理由の1つが、あいさつの「きっかけ」を逃してしまうことにあるのではないでしょうか。

パソコンなどの作業をして集中している人には声をかけづらかったり、苦手な人にはそもそもあいさつはおろか、声そのものをかけづらかったりします。

どのようにすれば、タイミングを逃さず声をかけられるようになるのでしょうか。

おすすめなのが「あいさつもタスク」と考えることです。

つまり、チェックリストにして、タスクに組み込んでしまうのです。

そして、チェックリストを埋めるように、あいさつをしていきます。

毎日、「今日のやるべきこと」をチェックリストにしてつけるように、あいさつもその中に組み込んでしまう。それなら、気楽にできるのではないでしょうか。

相手からの返事がなくてもかまいません。何しろ「タスク」ですから、窓を閉めた、「YES」。電気を消した、「YES」。あいさつをした、「YES」……のようにするだけです。


【あいさつ】
☑A部長
☑B課長
□Cさん

という具合です。

あいさつが難しいのは、相手からのリアクションを意識しすぎるから、こちらもアクションを起こしにくいということがあります。

つまり、この意識しすぎてしまうことを変えることで、相手に対して持っている距離感を変えていくのです。

気負ってしまうと、余計にあいさつしづらいですし、こちらの緊張感も伝わってしまいます。

あくまでも、「チェックボックスに記録すること」に専念するのです。

もちろん、チェック自体は機械的に行っても、あいさつの声やトーンは元気で、親しみやすく、明るいものにしましょう。

もう1つ、研修でよくやっていたトレーニングに「あいさつガンマン」というものがあります。

朝一番のあいさつを先にした方が、先にガンマンとして銃を撃ったということで勝者になるというものです。

このようにゲーム感覚で行えば、あいさつも気軽にできると思います。

あいさつができない理由は、妙に意識しすぎて、緊張したりすることにあります。

「普通」にしていれば、あいさつは決して難しいものではありません。

タスクやトレーニングによって、普通のことにしてしまいましょう。

悪いクセをやめるコツ

あいさつはタスク。
意識しすぎずに淡々とこなそう。

＼ヤメル！／

# 26 人の顔や名前を覚えられない

人の顔や名前を覚えるのは大変です。

特に一度会っただけだと、なかなか顔を覚えられません。顔はなんとなく覚えていても、名前が思い浮かばないケースもあります。

もちろん、苦もなく覚えられる人もいますが、そうでない人は工夫をするしかありません。

芸能人になんとなく似ているならば、芸能人の顔と関連づけて覚えます。

「真木よう子に似ている藤原さん」

あくまでも覚えるため、記憶のフックにするためなので、雰囲気だけでも似ていればOKです。ちょっと似ていればいいのです。

あとは直感的に思いついたものを、名前とペアにしてみます。

「ワイン好きの矢上さん」

「奈良の明日香さん」

**記憶するときは、キーワードをくっつけて覚える**と、意外と思い出せます。

もう1つのコツは、**集合写真を自分で撮る**こと。みんなのためにもなり、自分のためにもなります。

スマホのカメラで撮れば集合写真レベルの顔の大きさでも、かなり高いクオリティで撮影することができます。もちろん「撮ってもいいですか？」とあらかじめ確認をとることは必要です。

撮った集合写真をプリンターで印刷して、その紙の上に手書きで名前を書き込んでいきます。名刺などをもらっていれば、記憶が定かなうちにやってしまうことがポイントです。会った当日であれば、だいたい書き出すことができますが、数日たつと難しくなります。その日中にやってしまうように意識してみてください。

写真はノートに貼ったり、情報を追記してからさらに撮影して、ｉＰｈｏｎｅなどに入れて持ち歩いたりもできます。

**似顔絵を描く**というのもいいでしょう。似顔絵を描こうと思うとどこが特徴かなと観察するからです。上手である必要はありません。

じっと観察する行為が、記憶への定着を高めます。

私の場合は、座った席次の場所と似顔絵、名前を書くようにしています。似てなくてもいいですが、簡単に似顔絵を描くコツの本も出ていますので、うまく描きたい人は参考にしてみてください。

最後に、そのときに持っていたアイテムと一緒に覚えるというのもいい方法です。
特徴あるアイテムならなおさらいいでしょう。

「赤いモレスキンノートのユウちゃん」
「動物クリップのノリトくん」

そうすると、そのアイテムを別のところで見たときにもその人のことを自然と思い出せるでしょう。

悪いクセをやめるコツ

キーワードとひもづけて覚えよう。

＼ヤメル！／

27

# プレゼントにセンスがない

突然のサプライズ。そのようなとき、自分の好きなものをプレゼントされると嬉しいものです。自分も相手の好きなものをプレゼントしたいと思うものの、なかなかどうして難しい。

それは、相手の好きなものをちゃんと覚えていないからです。

とはいえ、知り合いの数だけ好きなものを覚えておくことは簡単ではありません。

だから、**記録しておくこと**が大切です。

それもさりげなくです。

たとえば、みんなでごはんを食べに行ったとき、すかさず、**みんなの注文を聞く役を買って出る**のです。

「カレー好きなんだ、俺。カレー風味の揚げもの３つ」

「アルゼンチン風牛カツ美味しいよね、あと赤ワインも注文！」


これをすべてメモしておくのです。注文はメモを見ながら店員さんに言えばＯＫ。これによって、すごく大事なデータをとることができます。皆の好きなものの記録を手に入れられたわけですから。

デートでは美味しいカレー屋さんに連れて行けば、ポイントアップ。昇進したときには、アルゼンチン風牛カツで有名なお店でお祝い。

相手は、しゃべったことを覚えていません。無意識に好きなものを選んで、注文しただけですから。このメニューの記録は意外と使えます。


ごはんを一緒に食べる機会がない場合は、**他の人にその人があげたプレゼントを聞いてみる**ことです。もしくは、**その人から自分がもらったものを思い出してみる**といいでしょう。

花をプレゼントしてくれた人は、花が好きな人ですから、花で返す。

甘いお菓子のお土産をくれた人には、甘いものでお返しする。

本をプレゼントしてくれた人には、感動的な本のプレゼント。


私は、相手からもらったものを写真に撮って残しています。「覚えておくのは無理」とあきらめて、ちゃんと記録しておくことが重要です。

スマホで写真を撮るだけなら簡単です。その写メをつけて、お礼のメールをしておけば、あとで自分の出したメールを検索すればすぐに見つかります。


その人からプレゼントをもらったことがなければ、**その人が普段大事にしていること**を思い出してください。

SNSなどをしている人であれば、過去の投稿をさかのぼってみることで、その人の好みが見えてくるはずです。

食べ物にこだわっている人なのか、知識欲が旺盛な人なのか、旅行が好きなのか。

それがわかったら、その人に好みの近い友達に、聞いてみましょう。餅は餅屋。きっといいアイデアをもらえるはずです。

相手のために贈るプレゼント、相手の好きなものをピンポイントで贈ることができれば、きっと喜んでくれるはず。

どんなものに喜ぶのか、こつこつ記録していきましょう。

**悪いクセをやめるコツ**

**相手の好みを日常的に記録していこう。**

＼ヤメル！／

# 28

# 情報を独占しがち

情報には価値があります。

インターネットが普及してから、誰もが多くの情報を得られるようになりました。

しかし、とにかく量が多すぎるため、そのすべてを見ることはできませんし、時には大事な情報を見逃してしまうことも少なくないでしょう。

このとき、あなたが有益な情報を得たとしましょう。

あなたはそれをどうするでしょうか。

独占するでしょうか、それとも共有するでしょうか。

少なくとも**インターネット上で知り得た価値ある情報は、共有していく**ことをおすすめします。

学生時代のことを、思い出してみてください。テスト前に、ノートをコピーさせてくれたり、出題しそうなところを教えてくれたりした同級生は、みんなから感謝されていたと思います。

それと同じことをするのです。

自分には関係ないけれど、ある人にとっては有益な情報に出会ったときも同じです。

必ず誰かとシェアしましょう。

WEBやSNSなどで見た情報は、昔と違って共有するのが簡単です。誰かに送るときはアドレスをコピペするだけです。

ツイッターのツイートボタン、フェイスブックのシェアボタンなど、SNSで共有するためのボタンがついているページもたくさんあります。

ノートをコピーしていた時代より全然楽に、かつコピー代もかけることなく無料で情報を共有することができるのです。

その情報が役に立ちそうな人には、このようなひと言をつけて直接教えてあげましょう。

「ご存じかもしれませんが、こんな情報を見つけたので、送らせていただきます」

すると、このような返信があるケースも少なくありません。

「おもしろい情報ありがとう。こんなものあるけど知ってた？」
「その情報は私もゲット済みですが、その裏話ではこんな情報が……」

**おかえしに情報をもらえる**ことが多いのです。情報には価値があり、価値があるものを見つけることは簡単ではないことをみんな知っているので、シェアしてもらうと何かお礼したくなるのです。あなたもそうではないでしょうか。

インターネット上にあるすべての価値がある情報を自分1人の力で見つけることはできません。独占していれば手元にある情報は1つです。それをシェアすることで何倍にも増やすことができます。

さながら「情報のわらしべ長者」です。

情報過多の時代だからこそ、それだけ価値のある情報は重宝されます。

どんどんシェアしていきましょう。

悪いクセをやめるコツ

シェアをすれば情報が何倍にも増える。

ヤメル！

29

# 「あの人は苦手」と決めつけてしまう

好きなものや好きな人とだけ付き合っていければ理想ですが、現実はそういはいきません。職場や取引先、コミュニティなど、生きていくうえでは、どこかの場面で「苦手な人」がいるものです。

しかも悪いことに、苦手な人ほど気になってしまうものです。どのように付き合っていけばいいのでしょうか。

実は苦手な人と接している時間は、それほど長くはないものです。

**どれくらいその人と接するのか、一度時間を計ってみるといいでしょう。** 1日5分かもしれないし、10分かもしれません。

1日中話さなければならないということはあまりないのではないでしょうか。そして もし短時間であれば、我慢して付き合えたりするのではないでしょうか。

「それでも無理です」というような人の場合におすすめなのは、**自分にご褒美を用意する**ことです。小さなご褒美でかまいません。

たとえば、普段は高くてなかなか食べられない美味しいお菓子を1つ、合わない人と話したら食べていいことにします。

合わない人と話したときだけ、あの通販で取り寄せたお菓子や、行列で並んだ銘菓とかを食べたり、好きな漫画本を読んだりしていいことにするのです。

そう考えると、意外と話せるものです。

しかも苦手な人が多いだけお楽しみも増えるわけです。悪いことだけじゃなくていいこともあるので、気がつくと、苦手ではなくなっていることもあります。

もう1つの方法は、自分だけでなんとかしようとしないこと。

友達と食事に行って、苦手な食べ物が出てきたらどうするでしょうか。残すのも1つの選択肢ですが、その食べ物が好きな友人がいれば、その人に食べてもらうのもいいでしょう。

実は、「苦手なあの人」についても、同じ考え方をすればよいのです。

自分でぜんぶ引き受けることはありません。合わないと決めつけて拒絶するよりも、**合わないならば、合う誰かに預けてしまうのです。**

「苦手なあの人」に合う人を探して、任せてしまいましょう。嫌いな食べ物と同じです。そして、組み合わせを変えてしまうのです。

牛乳は嫌いでも、シチューなら食べられる人がいます。

牛乳は嫌いでも、チーズは大丈夫という人もいます。

牛乳は嫌いでも、ヨーグルトなら大好きな人だっていう人もいます。

同じように苦手な人を、間に誰かをはさむことで「加工」してしまうのです。

1対1の人間関係では合わなくても、間に別の誰かが入ることで、苦手だと感じていた人が自分には見せなかった顔を見せるかもしれません。そのような一面を見ることで、こちらの印象が変わってくるかもしれません。

それは向こうも同様で、こちらの別な一面を見ることで、親近感を抱いてくる可能性だってあります。

直接は言いにくいことも、その人を介して伝えていくことで、徐々にコミュニケーションもとれていくでしょう。

自分とその人をつなぐ触媒になる人がきっといます。そうした人を見つけられれば、苦手なものが食べられるように、苦手な相手とも付き合っていくことができるのです。

悪いクセをやめるコツ

苦手意識がなくなる人に間に入ってもらおう。

＼ヤメル！／

# 30 人間関係に見返りを期待する

大人になると、人に何かをしてあげるような機会が増えます。

単純にものをプレゼントするだけでなく、仕事を代わってあげることなどもあるでしょう。

このとき相手のためを思ってしてあげたはずなのに、心のどこかで見返りを期待しているときってないでしょうか。

ですが、これは精神衛生上、とてもよくありません。

見返りがなかったり、あるいは自分の思っていた見返りと違っていたりするとストレスがたまります。しかも、もともとは善意でしてあげたことは自覚しているから、「そのかわりに」などということは言いづらい。

そうしたことが続いているともやもやした気持ちが増幅して、相手に対してネガティブな感情も持ち、最悪、人間関係を壊しかねません。

これが善意ではなく、商売であれば話は別です。

チョコレートを渡して、100円というリターンがある。

あめ玉を渡して、50円相当のもので返ってくる。

経済では、ものには対価があるのは当たり前です。

ですから、商売であれば、何かお返し（＝リターン）を期待します。渡したものに対して、大きなリターンが得られるように計画するのです。そのための作戦を考えるのが商売の醍醐味です。

あなたが商売でやっているのであれば、お返しを期待するのは当たり前。まったく問題ありません。

しかし、商売とは関係のない人間関係の話であれば、**相手からのお返しを期待するのはとても危険**なことです。

商売でないのなら、お返しは一切期待してはいけません。

出張先で買ってきたお土産もクリスマスプレゼントも、商売のためではないはず。純粋に、お礼や感謝の気持ち、善意で贈ったものだということを思い出しましょう。

自分がプレゼントをしたいから、しているだけ。

困っている人を手伝いたいから、手伝っているだけ。

相手が喜んでくれればそれに越したことはありませんが、つい見返りを期待してしまう人は、ポジティブな反応すら期待せず行動するくらいでちょうどいいのかもしれません。

そのようにして相手の反応を気にせず続けていけば、純粋な気持ちで人のために行動できるようになるはずです。

誰かのために何かをしてあげたいと思うとき、それが**自分がやりたくてやることなのか、リターンがほしいからやりたいことなのか、心の声に耳を澄ませてみましょう。**

もちろん現実には、その中間のようなケースもあるでしょう。義理やお付き合いですることも大人の世界ではよくあることです。

義理で贈ると、見返りを期待するような打算をしてしまいます。

義理で贈られた方も、返さないと気まずいので、プレゼントの価格を考えたりしながら、お返しを考えなければならず、ポジティブな連鎖とは言えないでしょう。

ですから、思い切って義理のプレゼントは一切廃止。

**見返りを求めるくらいなら、最初からしない方が気持ちよく付き合えます。**

悪いクセをやめるコツ

**自分が本当にしたいこと**か胸に手を当ててみよう。

＼ヤメル！／

# 31 話を素直に聞けない

なぜ、人の話を素直に聞けないのでしょうか。

それはプライドが邪魔をしているから。

どんな人でも、程度の差はあれ、心の中ではあいつより、あの人より、自分の方がすごいとか、できる、つまり上だと思っています。

そうすると、自分よりも下の彼らの言葉を素直に聞くことができません。

実際、そのような人たちの話の多くは、たいしたことがないのかもしれません。当たり前のことなのかもしれません。

ただし、人の話というものは、それほど目新しかったり、すごかったりすることばかりではありません。

もしも、新しいとか、すごいとかと感じたとすれば、それは、ただ自分がこれまで知らなかっただけという可能性が高い。

つまり、人の話は、誰が言うかももちろん重要ですが、実はそれ以上に、タイミングや場所などそれ以外の要素が重要なのです。

そうだとすると、プライドが邪魔して、特定の人の話を素直に聞けないというのは大きな損であることがわかります。もしかすると、今自分が、このシチュエーションで必要としていることを、必要なタイミングで話しているかもしれないからです。

誰が話しているかは置いといて聞いてみると、すごくいいアドバイスをしてくれているかもしれません。

とはいえ、いきなり、自分が評価をしていない人たちの話を素直に聞こうとしても、なかなか簡単にはいかないもの。そこで、まずは素直に聞くための下地を作るトレーニングを始めましょう。

**「この人の話は素直に話を聞けないな」という人がいたら、毎日その人から10個学びを見つけるようにするのです。**

ポイントは、毎回時間を計って、ゲーム感覚でやると続けやすいでしょう。

課長の判断が遅いのは、思慮深いととらえる。

後輩の言い訳が多いのは、想像力がたくましいととらえる。

「この人からでも学べることがあるんだ」と思うことができれば、素直に話を聞くことができます。これが習慣化していくと、相手がどんな人であれ、その人のポジティブな面が見えてきて、耳を傾けようという気持ちになるのです。

ミスの多い後輩からだって学べるし、嫌な上司からだって学べるはず。つまり、「素直に聞けない」本当の原因は、相手に対する先入観であることがわかります。

たとえば、「受注を10件取ってきた」は、上司としては少ないかもしれません。しかし、新人と比較すれば多い。

受注にかけた時間を考えると、実はそれほど悪くない数字かもしれません。

そのように感じられたら「どうやって、こんなに取れたんですか?」と素直に聞いてみるのです。

素直に聞くことができれば、相手が喜んでくれるメリットもあります。

人を選ばずに、耳を傾けていきましょう。

悪いクセをやめるコツ

相手から学べることを見つけてみよう。

# 第4章 考え方の「やめる技術」

＼ヤメル！／

# 32 言い訳してしまう

ミスなどをするとつい言い訳をしたくなりますが、そこからは何も生まれません。言い訳ほど非生産的なものはないからです。

だから、自分で言い訳はやめることはもちろん、**人にも言い訳してもらうことをやめてもらいましょう**。

たとえば、会議に遅刻してきた人がいるとします。「どうして遅れたの？」と聞いてはいけません。どんな答えが返ってくるか想像がつかないでしょうか。

「電車が遅れた」

「前の打ち合わせが長引いた」

「体調が悪くて」


しかし、どんな理由を聞いたところで、会議の遅れは取り戻せません。

言い訳が長引けば、さらに会議が遅れます。

だから、相手に言い訳をさせるように質問してはいけないのです。遅刻以外のどんなケースでも同じで、言い訳を聞いたら、そこから壮大な言い訳ストーリーが展開されるだけです。

言い訳を聞く時間、もったいないと思いませんか。


では、こうしたケースではどうすればいいのでしょうか。

「じゃあ、遅れた分を取り戻そう！　会議を始めよう！」が正解です。言い訳したり・させたりするのではなく、**どうしたらその失敗から抜け出せるのか一緒になって考えるのです。**

言い訳を考える時間はもちろん、言い訳を考えるエネルギーも、解決策を生み出すために使いましょう。

言い訳を考えるのは、相当高度な知的作業です。ただ寝坊しただけなのに、あれこれと考えて、もっともらしい理由に仕立て上げるわけです。

ですが、どうせ考えるなら、同僚に頼み込んで仕事の穴を埋めてもらおうとか、午後の予定を組み替えて遅れを取り戻そうとか、解決策を生み出すために、建設的な方向に知恵を絞ってみましょう。

「あ、今、言い訳を考えてる」と自分で感じたら、実際言葉にするのは「ごめんなさい」だけにとどめましょう。

そして

「だって……（言い訳）」を、

「じゃあ、……（改善プラン）」

に切り替えるよう習慣づけていきましょう。

言い訳は、過去に起こったことをうまく取り繕うための後ろ向きな思考です。そうではなく、言い訳に使っている時間とエネルギーを、これからできることを前向きに考えるために使ってください。

悪いクセをやめるコツ

☑ 「だって」を「じゃあ」に換えてみよう。

＼ヤメル！／

33

# 「まだ大丈夫」とあと回し

締め切りまで、まだ時間があるから、まだ、やらなくて大丈夫――そうやって今手をつけずにあと回し。結局最後は、いつも慌ててしまう。

「いつでもできる」と思ってしまう、だから今やらない。

ですが、いつでもできるのなら、断然、今やった方がいいのです。

では、あと回しをやめて、すぐやるためにはどうすればいいか。

いつでもできるというクセを治すには、**ほかの人にもわかるように、前もって宣言する**ことが大切です。

たとえば、企画書づくりでいえば「今月いっぱいでアイデアを形にします」と宣言する。

すると「楽しみにしています」「がんばってください！」というリアクションが返ってきます。そうすると「よしがんばろう」とやる気が出ます。

ダイエットなども、宣言をしてしまえば、途中で、「少しやせた？」と声をかけてもらえます。

そうやってまわりを巻き込むこと。自分だけで取り組まないのがポイントです。

また、ゴールまでのスケジュールを細かく分けて、小さな締め切りをいくつも作るのも効果的な方法です。

・○月○日までに10分の1
・□月□日までに3分の1
・△月△日までに半分

というように、スケジュールを細かく分割します。そして手帳にこのスケジュールをすべて書き込んでおくのです。

通常、計画を立てるときは、「これは、1カ月で終えようとか」「半年で」というようにしがちです。ただ具体的なスケジュールが決められていないと、時間がたつとうやむやになってしまうものです。このとき、小さな締め切りが手帳に書いてあれば、その締め切りを目安に行動することができるのです。

勉強にしても同じです。一度に問題集すべてを終わらせることはできませんが、1章ずつ、10ページずつと区切りを作っておき、そこに具体的な日付に割り振っていきます。10日で30ページ進むのであれば、1日3ページ。これくらいならできそうです。ちなみに計画直後は1日3ページと決めていてもそれ以上にたくさん前倒しでやることをおすすめします。はじめは気合が入っているので貯金しておくわけです。

何かやろうと思ったら、すぐに計画を立てるのがコツです。具体的には**締め切りをこまめに設定する**こと。これを手帳を見ながら計画していきます。

ほかの予定が入っていれば、物理的に時間がとれません。他の予定と調整しながら、小さな締め切りを必ず手帳に書いておきましょう。

締め切り前にしかやらないのであれば、それを利用して小さな締め切りをいくつも作るのです。小さな締め切りであれば、分量的に直前にやっても無理は生じません。

そしてこれを繰り返していけば、あとから見ると「計画的にできた！」となるのです。

悪いクセをやめるコツ

**日付の入った小さな締め切り**の山を作りこなしていこう。

＼ヤメル！／

34

# すぐ人の意見に同調しがち

「僕も！」「私も！」と、すぐに誰かの意見に乗っかってしまう。

偶然、人の意見と同じだったということであれば問題ないのですが、その方が楽だからというのであれば、考えものです。

なぜなら、自分で考える習慣が身につかないからです。

さらには、間違えたときでも、「あの人が言い出したことだから」と人のせいにしがちです。

人に流されず、自分で決められるようになる、簡単なトレーニングをご紹介しましょう。

何人かでごはんを食べに行き、注文をするとき、これまで通りだと、「私も同じもので！」とやりがちです。

そこで、「他人と違うメニューを選ぶ」ようにするのです。

たかが、メニューから選ぶだけですが、これはいい訓練になります。

仕事や議論などと違って、もめることはありません。

Aさんがとんかつ定食を頼んだら、私はからあげ定食。だからといって、ケンカにはなりません。

これができるようになったら、さらに上級編に進みましょう。

次は、誰よりも早くメニューを頼むことができるように、即決する練習です。Aさんが頼むより、Bさんが注文を言うよりも早く、メニューを決めるのです。

この「人より先に意思決定をする」のも、最初はかなり意識してがんばらないとできません。ですが、だんだんと「誰よりも早く」決めることができるようになってきます。

そもそも誰もいちばん先に注文しようと思っていないため、競争相手はいません。必ず最初に注文できます。

始めのうちは、急いで決めてしまって失敗することもあるかもしれませんが、いつもは食べないメニューを選んだことで、これまで知らなかった美味しい料理を知ることができるかもしれません。

たかがメニューと思うかもしれませんが、これを続けていれば、仕事や大切なシーンでも、自分で早く意思決定するクセがついてきます。

人に流されてしまうというのは、その方が楽ということももちろんありますが、そこにはまわりの目を気にして、周囲と合わせなければいけないという心理も働いているのだと思います。

人が意見を言う前に、自分の考えを表明することを続けていれば、だんだん周囲のことも気にならなくなります。

場の空気を読んで合わせることもときには必要でしょうが、それもただなんとなく合わせるのではなく、明確な意思で同調したいものです。そのための判断力を鍛えていきましょう。

自分で決めて行動する。主体的な方が人生は楽しいです。人と同じことをしていても、個性は生まれません。人よりも早く決める練習をしながら、少しずつ自分らしさを出していきましょう。

悪いクセをやめるコツ

☑ お店ではいちばん最初に注文しよう。

＼ヤメル！／

35

# 人のせいにする

自分は悪くない。悪いのは他人。

さまざまな問題の原因を自分の外に求めるのは、楽です。なぜなら、自分は変わる必要がないからです。変わるべきは自分以外。

しかし、そのような考え方では、実は何の解決にもなりません。変わるべきは自分以外といっても、基本的に他人を変えることはできない。他人には他人の人生があるわけですから。

そうすると、確実に問題を解決するためにできることは何でしょうか。

それは「すべての原因が自分にあると考え、自分の行動を変えること」です。

一見、大変そうに見えますが、実はこの方がストレスがありません。

人は自分の意思でコントロールできないことにフラストレーションを感じます。

それでは質問です。

自分と他人、コントロールしやすいのはどっちでしょうか。

そうです。自分です。

他人が変わらないことにやきもきするよりも、多少しんどくてもすべて自分のせいと考えて、自分を変える方がずっと楽なのです。

たとえば雪で電車が遅れてしまったら、それは誰のせいでしょうか。雪のせいでしょうか。鉄道会社のせいでしょうか。

そうではありません。天気予報を見てあらかじめ対策を立てていなかった自分のせいと考えるのです。

同じように、渋滞に巻き込まれてしまったら、東京の交通事情が悪いからと考えるのではなく、渋滞の時間を避けるように行動しなかった自分のせいと考えます。

どんな問題でも、よく考えれば、自分で解決できたポイントがあるはず。

自分の身の回りの問題でも、必ず「自分ができたこと」にたどり着くことができます。確かにそれだけでは解決しない問題があるのも事実ですが、人のせいにして何もしないよりも、よほど生産的です。


たとえば、仕事の打ち合わせで、相手が遅れてきたとします。

普通に考えれば、遅刻をしてきた相手に問題があります。しかし、そこで相手を責めてもあまり意味がありません。

そうではなく、わかりやすい地図を送っておかなかった自分のせいかもしれないと考えてみるのです。もしくは、携帯電話の番号を教えておけば、相手は遅刻の連絡ができたかもしれないし、相手の番号を聞いておけば事前に確認の電話を入れることができたかもしれません。

自分にもっとやれることがあったと思えば、次回以降やるべきことが見えてきます。

そしてそれによって相手が遅刻しなくなるかもしれません。

人のせいにしてしまうことは本当に楽です。ですが、遅刻するのが常習の人がいるとしたら、その人が変わってくれるのを待ち続けるより、その人が変われる手助けの方法を一緒に考えてあげた方が、問題を早く解決できるのではないでしょうか。

**原因追求の矢印を他人に向けるのではなく、自分に向けましょう。**

**悪いクセをやめるコツ**

ぜんぶ**自分のせいの方がストレスがない。**

＼ヤメル！／

# 36 先のことを考えると不安

私も昔は心配症でした。それこそ、授業中に鉛筆を落としても「今日、ツイてない。どうしよう」と考え、消しゴムが机から転がっていっただけで「何か悪いことが起こるんじゃないか」と心配していました。とにかく、何でもネガティブにとらえていました。

おおげさだと思われたかもしれませんが、実際その通りで、別に鉛筆が落ちても、消しゴムが転がっても、ただそれはそうした出来事が起こったにすぎません。災いやトラブルの前兆でも何でもありません。

ですが心配症の人は、そうしたささいなことをすべて心配ごとに結びつけてしまうのです。

心配症の困った点は、心配し出すと止まらなくなってしまうこと。あれも心配、これも心配で、いろいろな心配をしてしまう。

しかし、そうした心配ごとは、現実になっていない未来です。想像するのは自由ですが、それによってストレスを感じてしまうのは考えものです。

友達に嫌われてしまうかもと考えて落ち込む。あるいは、リストラされるかもと勝手に考えてパニックになってしまう。実際に嫌われたあと、リストラされたあとにストレスがたまるのはわかりますが、まだ何も起こっていないのに勝手に傷つくのはまったく意味のない行為です。

空想からストレスを感じる必要はありません。それは、たとえるなら、「空の上にカミナリさまがいて怒っているから怖い」と思うのと同じレベルです。

頭の中で想像しているだけだから、変に想像だけふくらんでしまう。この習慣に、ストップをかけましょう。

まずは、**自分の心配ごとを書き出してみてください**。そして、**その心配ごとが起こる確率を計算してみる**のです。そして、その対応策も書き出してみる。すると、意外に対応できることだったり、心配するほどの確率ではなかったりすることがわかると思います。

それでも心配なら、まわりの誰かに聞いてみるといいでしょう。私の心配症時代のエピソードや、カミナリさまの話がこっけいに思えたように、自分以外の人は冷静に状況を分析できるものです。そうすると、自分が思っているほどの可能性では起こらないことを教えてくれます。

将来、何か問題が起きないようにリスクヘッジすることは大切ですが、いたずらに心配する必要はありません。

友達といい関係を続けていきたいのなら、なぜこれまで仲良くできているかをよく分析してみる。共通する趣味がお互いの関係を良好にしていることが見えてきたら、忙しくなることがあっても、そこにかける時間は変えないようにする。

リストラされたくなかったら、毎月どれくらいの成績をあげればいいか調べて、仕事のスキルを高めていくことはもちろん、成果をあげている先輩にその秘訣を聞いてみる。

心配ごとが起こる確率をゼロにすることはできないかもしれませんが、対策を講じていくことで限りなく低くすることはできます。そして、実際に起こらないことが続けば、他のことについてもそれほど不安にならなくなるのです。

悪いクセをやめるコツ

**心配なことを書き出して**、どれくらいの確率で起こるか周囲の人に聞いてみよう。

＼ヤメル！／

37

# 人と比べてしまう

「自分の方があの人よりも数字を稼いでいる」

「あの人よりも評価されたい」

このように私たちはつい人と自分を比べがち。


人と比べる理由は、自分の方が上だと安心したいからということもあるでしょうし、人と比較することが原動力になっているということもあるでしょう。

いずれにせよ、こうした考え方をする人というのは、他人が自分を評価するモノサシになっている状態です。

ですが、人と自分を比べることはあまり意味がないことです。

なぜなら、場所や時間が変われば、比べる対象はいくらでも変わるからです。そして上にはいくらでも上があります。

他人と比べることがクセになっていると、それはある意味、他人に振り回されている状態だと言えます。そのため、いつまでたっても気持ちが不安定なままです。

こうした状態から脱するためには、**比較の対象を他人ではなく過去の自分にすること**です。

比較のモノサシを自分にして評価するのです。

何かするときには、自分の中で相対比較をすればいい。比べる対象は「他人」である必要はありません。相対比較といっても、難しいことはない。過去の自分と比較するだけです。

過去の自分と比較する。過去の仕事よりよい仕事にしようとか、過去の自分より少し時間をかけてやってみようとか、過去の自分より工夫してみようとか、そういうことです。

過去の自分より少しでも上回っているなら、それは自分が成長していることの証。過去の自分と変わらなかったとしても、それは自分が衰えていないことの証。

比較の対象を他人ではなく、自分にするととても気持ちが楽になることに気づくはずです。

もちろん、どうしても人より上へ行きたいという上昇志向の強い人もいるでしょう。そのような人は、勝ちたいという気持ちをモチベーションにして上を目指し続けてください。

このとき、**相手と比較する基準を2つ決めて勝負する**こと。

さらには、その基準で素直に勝負するだけでなく、「ズラす技」を覚えることがポイントです。

人と比べるときには、比較するための基準、どこで勝っているか負けているかの判断軸を決めることになります。商品であれば、価格だったり、品質だったりするわけですが、その軸を1つではなく、2つに決めて勝負をするのです。

このとき相手の強い軸に対しては、同じレベルになるように勝負を挑み、相手の弱い軸にも同時に勝負を挑めば、相対的に、相手より優位なポジションを取ることができます。これは差別化戦略の王道パターンです。

たとえば新規受注は相手が得意だから、なんとか同程度に持っていき、自分の得意な継続契約で圧倒的にリードして、存在感を出すというイメージです。

2つの軸で勝負することで、差別化できるのです。

悪いクセをやめるコツ

**比べるべきは過去の自分。**どうしても勝負するときは差別化戦略をとろう。

＼ヤメル！／

38

# 悪口を言ってしまう

あなたのまわりにもいますか？　人の悪口を言う人。

そういう人、好きですか、嫌いですか？

そういう人を見て、いい気持ちになりますか、嫌な気分になりますか？

結論は言うまでもないでしょう。


ですが、どうしても悪口を言いたくなるときがあります。

どんなときかというと、ストレスがたまっているときです。

悪口が出るというのは、ストレスがたまっていることを知らせてくれるアラームですが、悪口を言ったところでストレス解消にはなりません。

さらに悪口を言ったところで相手は変わりませんし、自分も変わりません。変わることと言えば、相手との人間関係が悪くなることと、悪口を言う人という印象がついてまわること。

何の生産性もないどころか、マイナスでしょう。思ってもいないことまで口走ってしまったら、関係の修復は容易ではありません。結果、余計ストレスをためてしまうことになるでしょう。

では、思わず人の悪口を言いたくなったとき、どうすればいいのでしょうか。原因はストレスにあるわけですから、それをなくすが答えです。ここまでいくつかストレス解消法をご紹介してきましたが、イライラしたときにおすすめなのは**歩いたりするなどして体を動かす**ことです。

意外と普通に思われるかもしれませんが、これが案外効果的。実際、動いているとイライラがどこかに飛んでいってしまいます。

上司や取引先から理不尽なことを言われた、仕事がどうしてもうまくいかない。おかげで、ほかの仕事もやる気にならない。仕事をしていると必ずそのような場面が出てきます。

そんなとき、会社の中を歩き回ったり、買い出しに行く用事を作って少し遠くまで歩いたりします。階段を上がったり降りたりするのも効果的です。

私がこのコツを発見したのは、偶然離れた場所にものを取りに行く用事があったとき。歩いているうちに、さっきまでの「悪口を言いたくなるような怒り」が収まっていることに気がつきました。

「あれ、いつのまにかスッキリしている」と。

実はこれ、脳科学的にも証明されていることなのだそうです。

有酸素運動を行うことで、脳内に別名「幸せホルモン」と呼ばれるセロトニンという物質が分泌されるのだとか。

どうしても悪口が言いたければ、歩きながらぶつぶつ言ってもいいですが、重要なのは、怒りが収まるまで歩き続けること。用事が終わっても気が済まなければ、どんどん歩いてください。

悪口が言いたくなったら、ストレスがたまっている証拠。そんなときは、まずできる範囲で体を動かしてみましょう。

そしてストレスの連鎖、悪口の連鎖を自分のところで止めましょう。

悪いクセをやめるコツ

**イライラしたら体を動かそう。**

＼ヤメル！／

# 39 チャンスに弱い

せっかくチャンスが回ってきているのに、力を出せない。スポーツの試合でそういう選手を見たら、「がんばれよ！」と思うのに、いざ自分がチャンスの場に立つと結果が出せない。そして「自分ってダメだな」と自己嫌悪に陥ってしまう。誰にでもそのような経験があることでしょう。

ですが、みんながみんないつもチャンスを生かせているかというと決してそうではありません。それこそスポーツで言えば、野球の打者ですごいと言われる人でも打率は3割です。ということは、10回に7回は打ち損なっているということです。

つまり、打席に立ってもミスをすることの方が多い。

さらに、彼らが打ち損なうたびに「自分はダメだ」とは思っていないはずです。自己否定するのではなく、次はどうやったらうまく打てるのか、チームを勝利に導くことができるのかを考え、日々練習を重ねていくはずです。

スポーツと仕事という違いはあるものの、このように見てみると自分がそこまでチャンスに弱いとは言えないこともわかりますし、失敗していちいち自分を否定して落ち込む必要がないこともわかります。

何よりも**挑戦することこそが重要**だということがわかります。

バッターボックスに立って、バットを振らなければ、ヒットやホームランは打てません。シュートをしなければ、ボールはゴールに向かっていきません。

行動を起こさなければ、うまくいくことは100％ありません。

一方、うまくいかない確率が高くても、アクションを起こせば初めてチャンスをものにする可能性が生じるのです。

もっとも「自分はダメだ」と思うクセがついていると、ここぞというときに動けなかったりするものです。だからこそ、逆に気持ちを強く持って1歩を踏み出す必要があります。

そうは言っても、ものおじしてしまうときは、**助けを求めましょう。**

「自信がないので、フォローよろしくお願いします」と。

すべて自分1人の力でやりとげようとする必要はありません。

仕事でもプライベートでも、まわりの人にフォローをお願いしてチャンスをものにすればいいのです。

個人競技をしているわけではないのです。ラグビーのモールのように、1人では突破できなくてもみんなでひとかたまりになってゴールに向かってトライをとる。そのような結果の出し方もあっていい。

あなたが逃げずに挑戦しさえすれば、「ダメだ！」と思っても、ほかの誰かが必ずカバーしてくれます。

人の力を借りながらでもチャンスをものにすることができるようになれば、それは成功体験になり、自信につながります。こうすればうまくいくのかということもわかるようになる。するとやがて自分1人でも、ものおじすることなく、うまくできるようになり、さらには他の人を助けることもできるようになるでしょう。

とにかく打席に数多く立つこと。それがチャンスを生かすためのもっとも効率的な方法です。

悪いクセをやめるコツ

☑ チャレンジすればまわりが助けてくれる。

＼ヤメル！／

# 40 人前で話すときアガってしまう

大人数の講演やセミナーでお話しさせていただくことがありますが、あまりアガることはありません。「すごいですね」とおっしゃってくださる方もいますが、実はただ慣れてしまっただけというのが本当のところです。

最初は誰でも緊張します。

それが数をこなすうちに、だんだん平気になっていくのです。

**必要なのは度胸ではなく、場数**です。

とはいえ、話をする機会が少なければ、緊張せず話せるようになるまで時間がかかってしまいます。

また、練習のために緊張する場に立つのは抵抗があるでしょう。

そこで、手軽に場数を踏む方法をご紹介しましょう。

いわゆる、**イメージトレーニング**です。

たとえば、スポーツ中継のヒーローインタビューや、タレントの会見を見ながら、自分が当事者になったつもりで、インタビュアーの質問に答えてみるのです。

テッド・トークスのような講演や、大人数の相手にしたプレゼンテーションを見てもいいでしょう。

ポイントは、その場の状況をリアルにイメージすること。

何百人、何千人、何万人もの観客。たくさんのマイクに、テレビカメラ。

具体的にイメージできればできるほど緊張してくるでしょう。それでいいのです。

そのうえで、自分が壇上に立ったり、記者たちに囲まれたりしたつもりで話をしてみてください。

話すときは聞いている人たちに伝わるように、しっかりはっきり話してください。

イメージトレーニングだからといって手を抜いてはいけません。

話し終えたら、今度は復習です。

次は、今見ていたスポーツ選手やタレント、講演者、プレゼンターたちが話していたことを、その場面を思い出しながら語るのです。一言一句正確である必要はありません。このときも恥ずかしがらずに、口調やトーン、身振り手振りをまねながら再現してみましょう。

これに慣れてきたら、いよいよ実践です。

あなたが実際に大勢の前でプレゼンするようなとき、これまでイメージしてきたような大舞台に出ていくつもりで登場してください。

そうすると、たいていのケースは、これまでシミュレーションしてきた場に比べるとちっぽけな舞台に早変わり。「あれ、意外に人が少ないなぁ」くらいに思えることでしょう。

そして、実践を何度か繰り返しているうちに人前で話すことに慣れ、まったく苦にならなくなるのです。

さわやかにインタビューに答えるヒーローやヒロインはもちろん、カッコよくみんなの前で話しているあの先輩も、さまざまな場数を踏んで今があります。
それは実際の場でなくても、イメージ上の場であっても、大きな違いはありません。しっかりイメージをして数をこなしていけば、あなたもアガらず話せるようになれるのです。

悪いクセをやめるコツ

イメージトレーニングで場数を踏めば、緊張しなくなる。

＼ヤメル！／

# 41 つい「いい人」でいようとする

他人の目がまったく気にならない人というのはおそらく少数派。たいていの人は少なからず人の目が気になるでしょう。

なぜ、気になってしまうのでしょうか。

それは、相手にいい人だと思われたい心理が働いているからでしょう。

そして、いい人だと思われたいから、往々にして自分の気持ちを押し殺して、相手に合わせすぎてしまい、疲弊してしまう。

ですが、相手に合わせすぎても、いい人にはなれません。

相手に迎合する人は、いい人というよりは、相手にとって「都合のいい人」でしかないからです。

本当に相手にとっていい人になりたければ、自分の主張をはっきり伝えること。相手のことを真剣に思っているのであれば、迎合するのではなく、こちらの意見をしっかり言ってあげた方が、その人にとってプラスになります。

イエスマンは必要ありません。マズイことはマズイとか、こうやるとうまくいくのではないかとアドバイスする方が、ずっと相手のためになります。そう考えると、迎合するよりも、適切に意見する方がいいことがわかるはずです。

もっとも、自分の意見を相手にぶつけると、そこで摩擦が起きる可能性があります。しっかり伝えた方が相手のためにはなるとわかっていてもできないのは、そのためでしょう。

そこで、相手との関係を壊さず言いたいことを伝えられる、おすすめのマジックワードをご紹介しましょう。

## 「大丈夫だと思うけど、ちょっとだけ心配になったことがあるんだ……」

そして、相手の反応を待つのです。

ここでポイントは、そのあとの言葉を自分からは言わないこと。相手がリアクションをして、「え、何？」とたずねてきたら、そこで初めて意見を言うのです。

「知っているかもしれないけど、こういう事例もあって」
「たとえば、こういう状況になったときは……」
のようにです。

「大丈夫だと思うけど」で、「あなたなら、きっと考えていたことだと思うんだけど」というニュアンスを伝えます。

そこで、「私が心配になったこと」を伝えれば、意見や押しつけではなく、あくまで「あなたのことが心配」という親切な気持ちを伝えることができます。

意見を押しつけても、結局相手に受け取る気持ちがなければ伝わりません。

だから、あなたの意見は、相手が気づくきっかけを与えるにすぎないのです。

それならば、意見を戦わせることだけが手段ではないはず。
人に合わせすぎてしまう人にいきなり議論することを求めても難しいでしょう。
相手に迎合せずに、心配してあげればいいのです。

悪いクセをやめるコツ

「いい人」をやめて「心配してあげる人」になろう。

＼ヤメル！／

42

# 断れない

「できません」

「ごめんなさい！」

など、頼まれごとを断らなければいけないシーン。

しかし社会人になると、人間関係を壊さないように気をつかうあまり、なかなかできないと言い出せずにストレスをためてしまうことが少なくありません。

おすすめの方法は、**頼まれた時点で無理だと感じたら、即座に、「ごめんなさい！」と断ってしまう**ことです。

特に難しいテクニックは必要としません。

すぐに断ってしまうのがポイントです。

自分の意見をうまく伝えることや相手との人間関係を崩さない言い方を意識するより先に、まず、「最速で断る」のです。

世の中には、さまざまな代替物があります。

A社のパソコンを使わなくても、B社のパソコンを使うことができます。C社の携帯を使わなくても、D社の携帯があります。同じように、あなたという選択肢に断られたら、ほかの人に頼むという選択肢もあるのです。残念ながら、自分にしかできないということは、それほど多くはないものです。

ですから「できない」と言われても、ほかに方法があれば、実は相手はこちらが思っているよりは困っていません。

ただし、しつこいようですが断るのは、とにかく早くです。

打ち合わせに向かうために乗ろうとしていた電車が事故で止まってしまったとしま

しょう。

早い段階で電車が動かないことがわかっていれば、別の手段、バスなりタクシーなりほかの交通手段を使って目的地に向かうことができます。

ですが、直前に事故が起きてしまったら、どうでしょうか。バスやタクシー乗り場は長蛇《ちょうだ》の列で、とうてい使えそうもありません。時間があるときに用意できた代替手段が使えずに困ってしまうことがあるのです。

自分が人に依頼したときのことを考えてみてください。頼んでから時間がたって最終段階になって「やっぱり、できません」だと、いくら他の人ができる仕事でも、選択肢が限られて困るはずです。

もしも、断ることに多少なりとも申し訳ない気持ちがあるのであれば、可能な範囲で**代替手段を探すお手伝いをしてあげましょう**。

たとえば、私の場合、取材依頼を受けるのが難しそうであれば、ほかの取材先を紹介します。自分にできることを提案するのです。そうすれば、断る側も気が楽ですし、頼む側も「ダメ！」「無理！」と言われたときのショックが緩和されるだけでなく、助かったとさえ思うはずです。

悪いクセをやめるコツ

早く断れば相手は困らない。

＼ヤメル！／

43

# いつも後悔ばかり

「あのとき、ああしておけばよかった……」

そう考えて、後悔すること、私もよくありました。

ですが、終わってしまったことをあれこれ考えても仕方がないと気づいてからは、昔のことをいつまでも思い返すことはなくなりました。

今やっているのは、まったく逆。先のことをいつまでもあれこれ考えています。

もし、ここでうまくいかなかったら、どうする？

相手がこういうふうに反応したら、どうする？

このプランに邪魔が入ったら、次はどう展開する？

いつまでもあれこれ考えてしまうクセは治りません。

ですが、何を考えるか、思考の方向を変えれば、考えすぎてしまうのも、悪いことではありません。思慮深いとも言えるわけです。

終わったことをあれこれ考えても、そうしたことを活かせる場面というのは案外少ないものです。なぜなら、まったく同じケースが起こることはないからです。そして、昔のことをあれこれ考えることに意味がないのは、どうがんばっても過去は変えられないものだからです。

であれば、**変えることのできる未来について、あれこれ考えた方がいい**でしょう。

人は、基本的に1つのことしか考えられません。先のことをあれこれ考えていたら、過去のことをあれこれ考えることができません。

昔のことを後悔し始めそうになったら、ああすれば、こうすればという意識を少し先の未来のことにシフトしてみてください。

訓練すれば意外と難しくないことです。

なお、未来のことばかり考えるからと言って、過去を反省しなくなるということはありません。

人間の思考の材料は、自分の今までの経験や知識です。未来のことを意識していても、そのときは過去の材料を引き出しから出して、失敗や成功をイメージしながら未来のシミュレーションをしています。

未来のあれこれを考えている間にも、実際には過去のことも反省しているのです。

ただし、注意してほしいのは、悲観的な未来ばかりを描かないこと。悲観的に考えすぎると、未来に対して、ストレスを感じてしまいます。起こるかどうかわからないことについて、ストレスをためる必要はありません。

ネガティブなことを想像すること自体は悪いことではありません。ポイントは「うまくいかなかったらどうしよう。嫌だな」で終わらせずに、どうすればそれをポジティブに転じていけるか、その対策まで具体的にあれこれ考えることです。

そうすると解決した後のことまでが見えるので、未来が楽しみになるでしょう。

そして、実際に予想していたことが起こったとき、慌てず適切に対処できます。
今から楽しい未来を想像して、あれこれ考えていきましょう。

悪いクセをやめるコツ

☑ 過去ではなく**未来のことをあれこれ考えよう。**

## 著者紹介


### 美崎栄一郎（みさき・えいいちろう）

ビジネス書著者、講演家、商品開発コンサルタント
1971年横浜生まれ大阪育ち。大阪府立大学大学院工学研究科を卒業後、花王（株）でサラリーマンとして働くかたわら、「築地朝食会」「社長大学」など、社外の社会人向けに勉強会や交流会を主催。NHKをはじめ多くのテレビや雑誌、本などで紹介され、いつのまにか「スーパーサラリーマン」と呼ばれるように。独立後は全国で講演活動を行っている。
働き方に関するアドバイスには定評があり、とくに悪習慣をやめられない人に対し、自身で実践して効果のあった方法を伝える講演等は高い評価を得ている。仕事をうまく回すためには、スキルをアップさせることと考え方を変えること、新しいツールを使いこなすことの3つが重要というのが信条。サラリーマン経験を元にした使えるノウハウをまとめた著作は40冊以上。



脱《だつ》ムダ、損《むだ》、残念《ざんねん》！
今度《こんど》こそ、やめる技術《ぎじゅつ》　〈検印省略〉

2019年 11 月 27 日 第 1 刷発行

著　者――美崎 栄一郎（みさき・えいいちろう）
発行者――佐藤 和夫

発行所――株式会社あさ出版
〒171-0022 東京都豊島区南池袋 2-9-9 第一池袋ホワイトビル 6F
電　話 03 (3983) 3225 (販売)
03 (3983) 3227 (編集)
F A X 03 (3983) 3226
U R L http://www.asa21.com/
E-mail info@asa21.com
振　替 00160-1-720619

印刷・製本 神谷印刷（株）

facebook http://www.facebook.com/asapublishing
twitter http://twitter.com/asapublishing



©Eiichiro Misaki 2019 Printed in Japan


ISBN978-4-86667-186-4 C2034



本書を無断で複写複製（電子化を含む）することは、著作権法上の例外を除き、禁じられています。また、本書を代行業者等の第三者に依頼してスキャンやデジタル化することは、たとえ個人や家庭内の利用であっても一切認められていません。乱丁本・落丁本はお取替え致します。